hänssler

SUSANNE UND MARTIN KNISPEL

Mit Liebe und viel Chili

Aufbruch nach Ghana

Martin Knispel, geb. 1961 und Susanne Knispel, geboren 1963 studierten Religionspädagogik und waren fünf Jahre im Schuldienst tätig. Seit 1991 sind sie Mitarbeiter im christlichen Lebenszentrum »Wörnersberger Anker« und waren im Rahmen dieser Tätigkeit von 1993–1996 in Ghana, um dort eine Schüler- und Studentenarbeit aufzubauen. Sie haben eine Tochter.

hänssler-Taschenbuch
Bestell-Nr. 392.938
ISBN 3-7751-2938-3

D-71087 Holzgerlingen
Titelfoto: privat
Umschlaggestaltung: Daniel Kocherscheidt
Satz: AbSatz Ewert-Mohr, Klein Nordende
Druck und Bindung: Ebner Ulm
Printed in Germany

Inhalt

Vorwort

Klinkenputzer ... So kamen sie zu uns, als Klinkenputzer. Sie wollten mit uns leben, in unseren Hütten ... und in unseren Herzen. Sie wollten uns nicht kennen lernen, sondern sich in uns hineinversetzen können. Empathie nennt man dies so schön. Es ist mehr als Sympathie, viel mehr.

Sie haben wie wir gelebt, gegessen, gesprochen. Es fiel ihnen manchmal sehr schwer. Auch unsere Hitze und die andere Lebensart. Doch sie haben durchgehalten.

Sie wollten nichts anderes sein als unsere Schwester, unser Bruder. In dem Buch könnt ihr es nachlesen.

Sie haben viele offene Türen zu unseren Herzen und Hütten gefunden. Sie haben auch die Tür zu ihrem Herzen und ihrer Hütte geöffnet. Sie waren nie Fremde unter uns. Handlanger wie wir, ungelernte Arbeiter an den Hütten des Herrn, mitten unter uns.

In dem Buch habe ich auch gelesen, dass sie vom so genannten afrikanischen Bazillus befallen sind. Das heißt, sie werden immer wieder zu uns kommen. Hoffentlich werdet ihr Leser auch davon befallen.

Nana Kofie Marfo II
Ashanti-Häuptling (früher Missionar
und Fußballtrainer)

Aufbruch nach Ghana

Es war acht Uhr abends. Bevor die Maschine auf dem Rollfeld landete, kam eine Durchsage vom Kapitän. »Sehr geehrte Damen und Herren. Wir befinden uns im direkten Anflug auf Accra. Wir werden pünktlich landen. Bitte schnallen Sie sich vor der Landung an. Die Außentemperatur beträgt 28 Grad Celsius.«

»Das kann ja heiter werden«, sagte meine Frau Susanne zu mir.

»28 Grad warm, und das so spät abends. Das ist ja wie bei uns in Deutschland im Hochsommer. Dabei soll es jetzt doch hier die kälteste Zeit im Jahr sein. Wie heiß wird es dann wohl erst am Tag sein, wenn die Sonne scheint?«

Anne meinte gar nichts dazu. Friedlich lag sie neben uns auf dem Flugzeugsitz und spielte mit einer Stoffmöwe. Mit ihren vier Monaten konnte sie noch nichts von dem Abenteuer ahnen, das ihre Eltern vorhatten. Nach Afrika ziehen, die Freunde und die Familie zu Hause lassen. Als Missionare unterwegs sein, um die gute Botschaft von der Liebe Gottes weiterzusagen. Von alldem wusste sie noch nichts. Sie interessierte nur ihre Möwe, an der sie gerade genüsslich kaute.

Freilich hatte sie in der letzten Zeit gespürt, dass etwas anders war als sonst.

Ständig waren Kisten und Koffer gepackt worden. Die Wohnung hatte manchmal ausgesehen wie ein Schlachtfeld. Überall hatten Bücher und Kleider auf dem Boden gelegen. Die Möbel hatten wir weggebracht, auch das Korbbettchen, in dem sie so gerne lag, war eines Tages weg. Und Papa und Mama waren manchmal ganz schön durcheinander. Die Omas waren auf einmal so komisch. Immer wieder schneuzten sie in ihre Taschentücher, als wären sie ständig erkältet. Komisch, diese Erwachsenen.

Als die Maschine langsam ausrollte, entstand plötzlich Unruhe. Alle packten so schnell wie möglich ihre Sachen zusammen und verließen das Flugzeug. Als wir aus dem Bauch des Riesenvogels stiegen, blies uns eine heiße, feuchte Luft entgegen. Es war, als gingen wir in die Sauna. Im Nu waren wir feucht. Unsere Hemden klebten und Anne standen kleine Schweißperlen auf der Stirn. In der Schalterhalle bildeten sich lange Warteschlangen. Beamte in prächtigen Uniformen mit gewichtigen Mützen kontrollierten unsere Ausweise. Sie prüften, ob wir Ghana, unsere neue Heimat, auch wirklich betreten dürften. Hier und da gab es Palaver und mancher Ghanaer mit Übergepäck ließ den einen oder anderen Schein rüberwachsen. Susanne fiel das Kinn runter. »Schau dir's gut an«, meinte ich, »diese Methode scheint hier gut zu klappen.« Und so war es auch. Bis heute gilt leider noch der Grundsatz: »Wer gut schmiert, gut fährt«.

»Hallo Martin, hallo Susanne, da seid ihr ja. Wir haben euch schon erwartet! Welcome in Ghana!« Unsere Gastgeber strahlten uns glücklich an. Natürlich waren wir erleichtert, dass sie schon auf uns warteten. Was hätten wir sonst gemacht, so spät am Abend irgendwo in Afrika, mit einem Baby auf dem Arm und etlichen Koffern?

Der Fahrer unseres Chefs stellte sich vor: »Ich bin Sammy, ihr seid herzlich willkommen.« Wir wussten noch nicht, dass er einmal einer unserer besten Freunde werden würde.

Der Wagen holperte über die Straße nach Akropong, das Dorf, in dem wir von nun an wohnen sollten. Im Dunkeln zeichnete sich die Landschaft ab. Immer wieder sahen wir Palmen und riesige Bananenstauden. Die Scheinwerfer unseres Autos leuchteten auf einfache Lehmhütten, die mit Strohdächern oder Wellblech gedeckt waren. Davor saßen im Halbdunkel Menschen in lange Tücher gewickelt. Kleine Laternen und Kohlefeuer schufen eine geheimnisvolle Stimmung. Durch das Fenster drang ein seltsamer Duft, den wir im Laufe der Jahre lieben lernten: eine Mischung aus Dampfbad und gegrilltem Kebat, das sind gegrillte Fleischspießchen, gewürzt mit Wolken aus Blütenduft. Benzinschwaden aus aufdringlich hupenden Taxis rundeten das Ganze ab.

Das war nun unsere neue Heimat. Afrika, dieser ferne Kontinent, den wir sonst nur vom Fernsehen oder von Zeitschriften her kannten. Dieser riesige Fleck auf der Weltkarte mit seinen vielen Millionen von Menschen. Mit dem Strahlen auf ihren Gesichtern und mit ihrer oft schrecklichen Armut. Der

Kontinent mit seinen bezaubernden Stränden und riesigen Palmenwäldern. Aber auch mit all seinen Problemen wie Hunger, Dürre und Unterernährung.

Diese Gedanken gingen uns durch den Kopf, während unser Bus auf der kleinen Straße in die Berge kroch. Anne war fest eingeschlafen. Susanne saß bei mir auf dem Rücksitz. An diesem Abend war ich froh, dass ich nicht alleine war. Würden wir drei uns hier einmal wohl fühlen? Werden wir neue Freunde finden?

Und würde es uns vielleicht sogar gelingen, unser Leben mit diesen Menschen zu teilen und von unserem Glauben weiterzusagen?

»Akwaaba« – Willkommen

Wilde Trommelmusik riss uns an unserem ersten Morgen aus dem Schlaf. Habe ich geträumt? Wo bin ich? Ach ja, in Afrika. Schlafen wir auf dem Marktplatz oder was? Das ist ja ein schrecklicher Lärm hier. Die Uhr zeigte sieben Uhr morgens. Ich gähnte müde und wollte mich eigentlich noch mal umdrehen. Doch an Schlaf war nicht mehr zu denken. Woher kam nur dieses wilde Trommeln?

Samstags, so erfuhren wir später, ist Beerdigungstag. Da die Menschen unter der Woche hart arbeiten, haben sie keine Zeit für Beerdigungen oder ähnliche Dinge. Oft müssen sie in andere Dörfer reisen, weil die Verwandten nicht alle am selben Ort leben. So ist die Sitte entstanden, alle Beerdigungen am Samstag abzuhalten. Und deshalb wird getrommelt. Die Trommeln sind das bekannteste Instrument in Afrika. Sie gibt es schon seit vielen hundert Jahren. Und sie sind laut und weithin hörbar, auch ohne Lautsprecher.

Wenn alle Verwandten und Freunde des Verstorbenen zusammengekommen sind, setzt sich die ganze Sippe vor das Haus des Toten. Man redet über das Leben des Toten und denkt daran, was er oder sie alles getan hat. So sollen er oder sie niemals vergessen werden. Die Frauen bereiten irgendwann etwas zu essen vor, zünden ein Feuer an und kochen eine besondere Suppe. Nach dem Essen wird wieder erzählt, es werden Lieder gesungen und manchmal sogar getanzt. In Afrika tanzen auch die Männer. Sie stellen sich nacheinander auf und bewegen sich langsam zur Musik. Dazu machen sie bestimmte Bewegungen und Gesten, die oft eine Bedeutung haben. So ähnlich wie Pantomime. Das sieht zuerst ganz komisch aus. Sie sind aber mit ganzem Ernst bei der Sache und tun es mit ganzer Hingabe.

Wenn es dunkel wird, bleiben alle im Innenhof des Hauses sitzen. Und zwar die ganze Nacht. Sie nennen es »Wachbleiben für den Toten«. Bei uns in Europa gab es die Totenwache früher auch. Es ist so eine Art Ehre für den Verstorbenen. Man möchte bei den Angehörigen bleiben, bis der Tote unter der Erde ist.

Am nächsten Morgen gehen alle in die Kirche. Das tun sie aber nur, wenn der Tote an Jesus geglaubt hat. Dann geht man zum Friedhof und beerdigt den Verstorbenen. So ist das mit den Beerdigungen in Ghana. Und die Trommeln spielen eben dabei eine wichtige Rolle.

Aber so weit sind wir ja eigentlich noch gar nicht. Anne war durch das Trommeln aufgewacht und wir erkundeten erst einmal Haus und Hof, den Compound, wie es die Leute hier sagen. Wir wohnten nämlich im alten Basler Missionshaus, in Zimmern, die vor uns schon etlichen Missionaren gedient haben. Und das schon seit mehr als 120 Jahren. Das sollte also unsere neue Heimat sein.

Da war Christaller, der schwäbische Missionar, der die Bibel in die Twi-Sprache übersetzt hatte. Er war ein genialer Sprachwissenschaftler gewesen und hatte nebenbei auch noch das erste Wörterbuch geschrieben. Oder Monninger, der Anfang dieses Jahrhunderts mit seiner Familie und seinen Kindern hier lebte. Seinen Sohn lernten wir später noch kennen.

Und natürlich Dr. Akrofi, der gelähmte Ghanaer, der trotz seiner Krankheit Unsagbares für sein Land und die Entwicklung der Sprache geleistet hatte. Er starb vor nicht allzu langer Zeit hier in Akropong.

Und nun waren wir kleine Würstchen mit unserem wackeligen Englisch und einem vier Monate alten Baby gekommen. Was würden wir wohl hier ausrichten? Wir fühlten uns recht hilflos in den ersten Wochen. Doch der Alltag ließ uns nicht viel Zeit zum grübeln. Schreiner vom Ort schleppten Möbel heran. Die Wohnung füllte sich langsam und wir machten es uns bequem. Man brachte uns Ananas und Bananen vom Markt und deckte uns nach und nach mit Pfannen und Blechtöpfen ein. Dazu muss man wissen, dass man in Ghana offensichtlich nicht so vorsorgt wie in Deutschland. Geplant wird hier ganz anders.

Man wusste zwar, dass wir bald kommen würden, aber das war ja immer noch Zukunftsmusik. Ghanaer aber leben im Heute. Das ist manchmal auch gut so. Wenn ein Problem zu lösen ist, wartet man, bis es da ist. Dann handelt man. Man löst keine Probleme, die erst welche werden könnten. Nach dem Motto: Heute ist ja alles noch in Butter.

Und so glich unser Wohn- und Schlafzimmer zunächst einem sehr geräumigen Saal, der darauf wartet, dass etwas mit ihm geschieht. Er war nahezu leer. Ein schmales Bett, ein Stuhl, ein Tisch und eine kleine Sitzecke. Dazu noch ein wackeliges Regal, das auch schon bessere Zeiten gesehen hatte. Aber nun waren wir da und hatten vor, uns hier niederzulassen. Wir waren guter Hoffnung und sehr neugierig.

Die Menschen hier sind sehr offen und freundlich. Überall wird man angesprochen: »Hello whiteman, hello oburoni (Weißer), how are you, you are welcome.« So fühlt man sich recht schnell willkommen und das tut gut. Angesichts vieler Ereignisse in Deutschland ist das allerdings auch sehr beschämend.

Auch die Mitarbeiter im Zentrum, in dem wir arbeiteten, waren bemüht, es uns so einfach wie möglich zu machen. Viele packten mit an und unterstützten uns. Dennoch blieb noch viel zu tun und wir fielen abends immer todmüde ins Bett. Morgens ging es schon früh los, weil draußen bereits alles auf den Beinen war. Der Tag beginnt für viele Menschen hier bereits um vier Uhr. Da es keine Fensterscheiben gibt, sondern nur Holzklappläden, hat man dann so oder so das Gefühl, mit dem Bett direkt auf dem Marktplatz zu stehen. Das waren ja schöne Aussichten.

Tanz doch einfach mit

Sonntags geht man in Ghana in die Kirche. Das geht vielleicht lang! Man verbringt den ganzen Vormittag gemeinsam, ob es drei, vier oder auch fünf Stunden sind, ist zweitrangig. Die Planung des Sonntags geht vom Gottesdienst aus und nicht umgekehrt wie bei uns. Der Gottesdienst hat eine feste Liturgie – das hatten wir nun gar nicht erwartet. Recht traditionell kann es da zuweilen zugehen, wie bei uns zu Hause halt. Dennoch bleibt genug Raum für Anspiele, Tanz, Gebete und eine »feurige« Predigt.

Viele Gemeinden haben einen feierlichen Chor und eine Band, die im »traditionell afrikanischen Teil« des Gottesdienstes die Musik mit Trommeln und einem tollen Rhythmus gestaltet. Mit ihren etwas verstimmten Posaunen pusten sie sich fast die Seele aus dem Leib. Es geht dann ein Ruck durch die Gemeinde, viele stehen auf und beginnen zu klatschen und mitzuschwingen. Ich dachte, als ich das zum ersten Mal sah: Jetzt sind wir tatsächlich in Afrika gelandet.

Beim Opfer tanzt man durch die ganze Kirche zum Altar, vor dem ein Topf steht. Es kann auch eine bunte Plastikschüssel sein. Das Opfern geht manchmal allein eine Stunde. Ist noch nicht genug Geld in der Schüssel, heißt es: noch eine Runde! Geld ist sehr wichtig hier. Eigentlich ganz logisch, weil die Kirche nicht viel davon hat.

Das erste Mal tanzte ich nicht, sondern marschierte etwas steif in einer langen Reihe zu besagter Wanne. Mein Kragen war durchgeschwitzt und die Krawatte hatte ich schon mehrfach verwünscht. »Vielleicht gehe ich das nächste Mal besser in der Badehose«, war mein Gedanke. Als ich nach Hause kam, warf ich mich völlig erledigt auf mein Bett und seufzte laut auf: »Das halte ich nicht jeden Sonntag aus. Das ist ja wie nach einem Saunagang!«

Nun gewöhnt man sich im Laufe der Jahre an vieles. Und so möchte ich einfach einmal von einem besonderen Gottesdienst berichten. Es war der Gedächtnisgottesdienst für Kofi Monninger, den Sohn eines ehemaligen Missionars und für Ankobea Ohene Kwadjo, einer ganz besonderen Person unserer Akroponger Gemeinde.

Beide waren im vergangenen Jahr verstorben. In Ghana findet ein besonderer Gedächtnisgottesdienst statt, wenn man ein wichtiger Mann gewesen ist.

So versammelten wir uns morgens pünktlich in der alten Steinkapelle des Lehrerkollegs. Feierlich zog der Studentenchor in seinen schönen Gewändern ein. Die Frauen trugen ein Barett auf dem Kopf, wie es sich in Ghana für die Sängerinnen im Chor gehört. Im Gefolge fünf Pfarrer in ihren weißen Krägen, die die Wichtigkeit der Versammlung zu unterstreichen schienen. Ein Pfarrer reichte für so einen Gottesdienst nicht! Feierlich setzte man sich auf den zugewiesenen Platz. (Man kann nämlich in der Regel nicht einfach irgendwo Platz nehmen. Als Ehrengast, als Weißer oder als Pfarrer bekommt man Ehrenplätze in der Nähe des Altars. Damit man auch ja für die nächsten Stunden gut beobachtet werden kann.) Diesmal hatten wir es aber geschafft, uns ins Seitenschiff zu verdrücken. Da alles schon vollgequetscht war, ließ man uns gewähren.

Allerdings hat es einen Vorteil, wenn man der Gemeinde zugewandt sitzt: Man kann alles gut beobachten, vor allem die interessanten Gewänder der Frauen. Auch wenn das vielleicht nicht gerade der Sinn der frommen Übung ist. Die einen kommen geschlossen in Gruppen, als Frauenkreis etwa, und setzen sich zusammen in eine Ecke. Man erkennt sie dann an ihren gleichen Gewändern oder farbig bedruckten T-Shirts. Darauf steht dann in großen Lettern: »Frauengemeinschaft Akropong, zehnjähriges Jubiläum 1985–1995.« In der Mitte des Aufdrucks ist oft der Kopf der Leiterin aufgedruckt. Sie wird besonders wert geachtet. Da manche Frauen recht stämmig sind, sieht man oft lustig verzogene Köpfe auf den T-Shirts. So wird es einem nie langweilig.

Andere Frauen scheinen sich in der Art der Versammlung verirrt zu haben. Sie würden viel eher in eine Modenschau passen. In mehrere Meter rauschendes Goldbrokat gehüllt stolzieren sie auf viel zu engen Stöckelschuhen in die Kirche. Auf dem Kopf thront ein riesiger Turban aus gewickeltem Stoff im Muster des Kleides. Festgehalten wird er mit einer überdimensionalen Stricknadel, die wie ein Spieß in einer erlegten Beute zu stecken scheint. Im Arm hängt eine Handtasche aus Lack mit viel Goldverzierung.

Neuerdings legen manche Frauen noch eins drauf. Sonnenbrillen scheinen gerade Mode geworden zu sein. Manche Exemplare sehen aus wie Rennfahrermodelle, andere gleichen eher unseren Punkerbrillen. Wenn möglich mit dicken Bügeln und Goldverzierung an der Seite. Obwohl es in vielen Kirchen recht düster ist, wird die Brille nie abgenommen. Ist ja auch logisch: Man zeigt, was man hat!

Die Männer wirken vergleichsweise bescheiden. Entweder sie kommen in ihren etwas dünn gewordenen Anzügen mit einer Krawatte um den Hals oder im traditionellen »Cloth«. Das ist eine Art Toga, unter der nur eine kurze Hose getragen wird. Der Oberkörper bleibt zur Hälfte frei. Und weil es auf der braunen Brust gut aussieht, trägt man eine dicke Goldkette – wenn man eine hat.

Besagter Gottesdienst nahm also seinen Lauf, nachdem man sich ausgiebig besichtigt hatte. Der leitende Pfarrer führte durch die Liturgie und war sich des ernsten Anlasses wohl bewusst. Alle Lieder waren getragen und feierlich. Es ging um den Tod und das ewige Leben. Der Chor sang ergreifend und die Gemeinde litt mit. Irgendwann sah ich durch ein Fenster den alten gelben Mercedes unseres Chiefs, des Königs von Akropong, heranfahren. Die Köpfe der Pfarrer gingen in dieselbe Richtung und eine nervöse Unruhe kam über sie. Wenn der Chief kam, musste Platz gemacht werden. Er brauchte eine gute Sicht in der ersten Reihe. Am besten auf der Tribüne.

Aber da war alles voll. Sie redeten auf eine stämmige Dame intensiv ein, aber diese schien sich durch nichts aus der Fassung bringen zu lassen. Sie war fest entschlossen, ihren Ehrenplatz zu verteidigen. Sie deutete immer resolut auf die erste Reihe im Kirchenschiff. Da keine andere Lösung in Sicht war, wurde diese komplett geräumt, damit der Chief mit seinem Gefolge Platz nehmen konnte. Unter einem riesigen bunten Sonnenschirm aus Stoff zog er mit seinem Sprecher und dem Hofstaat ein. Der Chor hatte unterdessen Lieder gesungen. Als jeder einen gebührenden Platz gefunden hatte, ging es wieder weiter. Es wurde aus dem Leben der beiden Verstorbenen erzählt, die in den Himmel gelobt wurden.

Der Prediger, ein guter Freund von beiden, schluchzte immer wieder auf und war sichtlich gerührt. Kofi Monninger war als Missionarskind in Akropong geboren, zog allerdings mit drei Jahren mit seinen Eltern nach Deutschland. Nachdem er Pfarrer geworden war, nahm er wieder Kontakt zur ghanaischen Kirche auf und bereiste das Land regelmäßig. Alle seine guten Taten und großzügigen Spenden wurden aufgezählt. Da wurde es mir ein wenig unwohl. Er hatte zu Beginn seiner Krankheit noch den Wunsch geäußert, in Ghana beerdigt zu werden, und so wurde er in den Herzen der Gemeinde vollends zum Ghanaer.

Ankobea Ohene Kwadjo war eine recht schillernde Figur. In Akropong aufgewachsen, zog er berufsbedingt über viele Jahre im Süden Ghanas umher, um sich im Ruhestand wieder in seinem Heimatstädtchen niederzulassen. Er hatte gute Positionen bekleidet und war in etlichen Komitees tätig gewesen, was auch ausgiebig erwähnt wurde. Dafür wurde er von Addo Dankwa III., unserem Chief, als Berater in den Hofstab gewählt und wurde damit automatisch ein Subchief, Nana genannt. Im Palast war er für Kirchenfragen zuständig, war er doch ein regelmäßiger Kirchgänger mit einer zerlesenen und zerfransten Bibel. Dadurch bewegte er sich zwischen zwei Welten: der christlich-presbyterianischen und der traditionell-religiösen. Das schien ihn aber ganz unbekümmert zu lassen. Ich jedenfalls kannte ihn noch als einen warmherzigen und oft lachenden Menschen. Lange Jahre war er auch Katechist einer kleinen Gemeinde ohne eigenen Pfarrer gewesen. Da er sich so verdient gemacht hatte, erwähnte man eher verschämt, dass seine beiden Frauen auch anwesend waren. Da ging ein Raunen und Grinsen durch die Menge der Studenten. Das war mir bis dahin auch unbekannt gewesen. Offensichtlich hatte er sich irgendwann eine zweite Frau genommen, weil die erste keine Kinder bekommen konnte, so wie es hier oft gemacht wird. Aber für Christen ist das eigentlich ausgeschlossen.

Bei seiner Beerdigung war es wohl unter anderem auch deshalb zu Problemen gekommen. Wo sollte er beerdigt werden? Als Chief und damit Repräsentant der traditionellen Religion sollte er auf dem Chiefsfriedhof im Wald beerdigt werden, bei Mitternacht und im Geheimen. Außerdem durfte er als Chief offiziell keinen Gottesdienst in der Kirche bekommen. Sein Wunsch war es aber gewesen, kirchlich beerdigt zu werden. So gab es für alle Seiten ein

Problem, das mit einem Kompromiss gelöst wurde. Er wurde auf dem allgemeinen Friedhof beerdigt und der Gottesdienst fand nicht in der Kirche, sondern im Freien statt. Aber beide, der Prediger und der leitende Pfarrer, waren sich ganz sicher, dass auch er im Frieden Gottes ruhte.

Der Chor setzte wieder heftig ein und riss uns aus unseren Gedanken. Mit einer galanten Überleitung wurde das Opfer eingeläutet. Zu diesem Zweck wurde die besagte Plastikschüssel in die Mitte des Gottesdienstraumes gestellt. Die Gemeinde tanzte nun doch recht fröhlich drum herum. Männer und Frauen stellten sich in einer langen Reihe auf und tanzten langsam in Richtung Schüssel. Besonders Eifrige schwenkten weiße Taschentücher über den Köpfen, andere tanzten vor-und rückwärts, manche reihten sich einfach noch für eine zweite Runde ein. Das dauerte fast eine Stunde. Man sah den Geldberg anwachsen und alle waren befriedigt. Ghanaer können unglaublich lange Gottesdienst feiern. Als es auf dreieinhalb Stunden zuging, beschloss man dann aber doch, alles zu einem guten Ende zu bringen. Der Chor donnerte das »Halleluja« von Händel und flanierte zusammen mit den Honoratioren aus der Kirche. Zuvor hatte sich der Chief mit seinem Gefolge verabschiedet. Denn in Ghana kommt der Chief immer als Letzter und geht als Erster. Das unterstreicht seine Wichtigkeit.

Draußen schnatterte alles müde, aber fröhlich, los. Der Gottesdienst war vorbei, man war sich des Segens Gottes für das eigene Leben und das der Verstorbenen gewiss und konnte nach Hause gehen.

Und wir waren auch zufrieden. Im Schoß von tausend singenden, tanzenden und betenden Menschen musste man sich einfach wohl fühlen.

Babylon war nichts dagegen

Man muss wissen, dass es in Ghana rund 70 verschiedene Sprachen gibt. Die Hauptsprachen sind Twi, Ga, Ewe und Fante. Seit der Kolonialzeit ist allerdings Englisch die offizielle Amtssprache. Vielleicht eine der wenigen positiven Seiten aus dieser verhängnisvollen Zeit, denn so können sich fast alle Ghanaer untereinander verständigen. Welche Sprache würde man sonst als Amtssprache wählen? Welches Volk würde sich und seine Sprache in Ghana durchsetzen? Sprache heißt ja auch Macht. Mit Englisch befindet man sich somit auf neutralem Boden. Und wenn man Streit vermeiden kann, ist allen gedient. Da Ghanaer friedliebende Menschen sind, hat man sich einigermaßen auf Englisch geeinigt. Allerdings ist Englisch auch nicht gleich Englisch. Afrikaner haben es geschafft, einige Grundregeln ihrer Sprachen ins Englische zu übertragen, und der Missionar hat ganz schön damit zu kämpfen. Da wird man zuerst für einige Monate nach England auf eine Sprachschule geschickt und kehrt mit stolzgeschwellter Brust wieder nach Hause. Auch ich hatte gedacht: Jetzt kann es losgehen. Nun kann ich Englisch. Als ich allerdings die ersten Wortfetzen in Ghana gehört hatte, war mir nicht mehr so ganz klar, ob es die einheimische Sprache oder tatsächlich Englisch war. Es zuckte der Gedanke durch meinen Kopf, dass ich sicher noch viel zu lernen hatte. Und so war es dann auch.

Ganz lustig wird es, wenn man mit Studenten oder Leuten am Hafen zu tun hat. Die sprechen das bekannte »Pidgin-Englisch«, das sich ungefähr so anhört: »You go-come small small.« Was so viel heißt wie: »Geh und komm wieder, aber schnell.« Oder: »He go for break no come.« Damit will man sagen, dass der Betreffende in die Pause gegangen ist und seither nicht mehr erschienen ist. Ich sehe förmlich noch meine Englischlehrerin vom Sprachkurs vor mir, die gesteigerten Wert auf ein gepflegtes Oxford-Englisch legte. Für sie wäre das hier ein Alptraum gewesen.

Aber zurück zum Twi, der Sprache, die man in unserer Gegend sprach.

Viele Ghanaer sprechen Twi – leider auch wieder mit unterschiedlichem Dialekt. Es gibt aber gleichzeitig erstaunlich viele Leute, die kein oder nur wenig Englisch sprechen. So hatten wir bald angefangen, uns gemeinsam mit unserer Sprachlehrerin Salome durch die Wirren dieser fremden Sprache zu kämpfen. Nicht ganz einfach, schon alleine das Aussprechen diverser Zisch-Nuschel- und Rolllaute hinzubekommen. Oh, dass ich tausend Zungen hätte und einen so ganz anderen Mund …

Aber Mama Salome hatte viel ghanaischen Humor und wenn sie nicht gerade redete, lachte sie herzhaft. Sie hatte vier eigene Kinder, die schon alle aus dem Haus waren. Und jetzt hatte sie noch vier Kinder angenommen, die sie mühsam durchfütterte und großzog. Die Kleinen waren ihr zum Teil von Freunden und Bekannten aufgeschwatzt worden. »Die haben einfach gesagt, wir haben genug, kannst du nicht noch für die Kleine sorgen?« Sie hatte sie halt mitgenommen und versorgte sie seither. Susanne verstand die Welt nicht mehr, als sie das hörte.

Das mit der Sprache brachte mich dann ganz schön zur Verzweiflung ... Denn wir kämpften ja am Anfang auch noch mit Englisch. Aber irgendwann war sogar ich in der Lage, einige Brocken Twi aufzuschnappen, die ich dann eifrig auf dem Markt ausprobierte.

»Guten Morgen, wie geht es dir? Mir geht es gut. Was kosten die Bananen? Oh, das ist viel zu teuer. Komm mir ein wenig entgegen!«

Da stand ich stolz mit meinen ersten Sätzen vor den Marktfrauen und diese starrten mich ungäubig an. Dann brach die Erste in schallendes Gelächter aus, schlug sich auf die Schenkel und rief zu den anderen: »Hey, der Weiße spricht ja Twi. Sehr gut gemacht«. Und dann fielen sie mit einem wasserfallähnlichen Schwall von Worten über mich her, schnatterten und lachten aus vollem Halse. Das war nicht gerade sehr erbaulich und ich hatte zu tun, meine Zwiebeln und Tomaten zusammenzuklauben und mich schleunigst aus dem Staub zu machen. »Da bringst du mich nicht mehr hin«, sagte ich zu Susanne nach diesem alptraumartigen Erlebnis. Einkaufen ist in Afrika bekanntlich Frauensache.«

Als es mit dem Twi später etwas besser ging, verlor ich die Scheu vor diesen herzhaften Frauen, lachte mit und tat so, als sei ich mit meinen wenigen Brocken eigentlich schon fast perfekt.

Ein Problem blieb aber: Ich war im Grunde noch nicht viel weitergekommen. Ich quälte mich mehr recht als schlecht für runde eineinhalb Jahre durch die Wirren dieser Sprache, ehe ich vollends auf Englisch umstellte. Grundkenntnisse hatte ich gelernt, aber da mein Dienst an den Schulen in Englisch stattfand, war ich nicht so dringend darauf angewiesen. Susanne war da ausdauernder und machte weiter. Auch wenn sie am Ende immer noch nicht in Twi predigen konnte, verstand sie doch viel mehr als ich. Bei meinen Aufgaben kam ich mit Englisch leider so gut zurecht, dass ich nicht richtig gezwungen war, die Sprache gut zu lernen. Etwas, was man als Missionar nicht machen sollte.

Im Gespräch stellte ich dann fest, dass es fast allen Weißen so gegangen war. Man lernt eine Sprache nur, wenn man darauf angewiesen ist und anders nicht zurechtkommt.

Und doch machte ich immer wieder gute Erfahrungen mit meinen »Sprachbrocken«. In der Regel begrüßte ich die Leute in einem Gottesdienst in Twi, sang die Lieder in der Sprache mit und sprach auch den Segen und manche Sätze in der Predigt in der Landessprache. Jedes Mal leuchteten ihre Augen: Hey, der spricht Twi! Und alles klatschte in die Hände vor Freude. Da hörte ich dann immer wieder diese Sätze: »Du bist zu uns gekommen und hast deinen Reichtum in Deutschland aufgegeben.

Sicher, es geht dir hier auch nicht schlecht, aber immerhin. Und dann hast du als Deutscher noch Englisch gelernt und dann noch etwas Twi. Soviel sind wir dir wert. Das vergessen wir nicht. Deshalb bist du unser Freund. Und gut sprichst du auch noch!«

Der letzte Satz gehörte dann wieder zu den liebenswürdigen Übertreibungen meiner ghanaischen Freunde.

Wenn sie gewusst hätten, dass ich fast alles mühsam in mein Sprachschaufenster gekramt hatte, was ich auf Lager hatte …

Dauercamping

Schwups! Der Strom war wieder weg. Alles rief »powercut«. Im Nu wich der erfrischende Luftzug des Ventilators und es wurde schwül. Der Kühlschrank kündigte seinen Dienst kurzfristig auf. Das Dampfbügeleisen verschwand mit einem Seufzer im Schrank und machte dem schweren Holzkohlemodell Platz. Nur unser tragbarer Computer stellte dank einer Batterie seine Dienste noch für eine Weile zur Verfügung. Wir hatten Zeiten, da war das fast täglich der Fall. Zwischen drei und 30 Stunden blieb dann der Strom weg. Dann mussten wir uns abends mit Kerzen und unserer Benzinlampe behelfen und konnten nur noch mit Gas kochen. So hatten wir manchmal auf einmal alles Fleisch verwerten müssen, weil es aufgetaut war. Prima, denn wir hatten uns gerade noch großzügig eingedeckt. »So werde ich noch rund und fett, wenn ich plötzlich zwei Schnitzel am Tag auf den Teller bekomme«, sagte ich zu Susanne.

Manchmal hat man den Eindruck, das Leben hier ist eine Mischung aus Dauercamping und Sauna bei gleichzeitig vollem Tagespensum. Und dafür werden wir auch noch bezahlt! Ich schwitze täglich nur einmal, und das rund um die Uhr. Zu Hause habe ich mich immer in die Tropen gesehnt und jetzt ist es fast zu viel. Zusätzlich improvisieren wir ständig. Das Wasser wird in Fässern von zwölf Kilometern Entfernung zu unserem Haus gebracht. Mit diesem kostbaren Nass geht man natürlich vorsichtig um. Die Dusche heißt hier »bucket-shower«, was in der Praxis bedeutet, dass man mit einer Schöpfkelle das Wasser aus einem Fass über sich drübergießt und dabei gleichzeitig von einer warmen Dusche träumt. Waschwasser nützt man anschließend für die Toilette. Ich schleppte Eimer um Eimer durch die Gegend und fragte mich, ob das der Preis des Missionarsdaseins ist.

Susanne hatte da noch ein ganz anderes Problem. Wie lebt ein Mensch, der wegen seines Milchkonsums in Deutschland gelegentlich »Kalb« genannt wurde, ohne Milch, Käse, Quark und Jogurt? Eine große Umstellung. Und manchmal sah sie, so gestand sie mir neulich, während sie vor einer Erdnusssuppe mit Yam saß, vor ihrem inneren Auge ein Schwarzbrot mit Käse aufgetürmt, daneben ein Riesenglas frischer Milch.

Aber Gott hat Afrika ja nicht gerade ärmlich ausgestattet. Es gibt viele gute Früchte: Bananen und Ananas, Papayas, Mangos, Melonen, Orangen, Avocados und noch andere. Gemüse gibt es auch, aber nicht so viele verschiedene Sorten.

Unser erster Einkauf auf dem Markt von Akropong war aber auch so ein Ding für sich. Allein der Gedanke, dass alles noch lange gekocht wurde, hielt uns über Wasser. Vielleicht entdecken wir ja noch so manche einheimische Delikatesse. Neulich schaute doch zu nachtschlafender Zeit eine Riesenheuschrecke aus Annes Flaschenwärmer. Man sagte mir, gebraten in viel Öl seien sie recht schmackhaft …

Da wir aber nicht nur zum Essen nach Afrika gekommen sind, muss ich gleich noch von einem Erlebnis erzählen. So oder ähnlich kann sich nämlich ein Tag in Ghana entwickeln.

Morgens war Twi-Unterricht. Stuart, ein junger Schotte, der gerade auch in Akropong lebte, bot mir an, mich gegen Mittag mitzunehmen. Er hatte Trommeln bestellt, und so machten wir uns auf den Weg, sie abzuholen. Ich nutzte die Gelegenheit, um die Gegend und die Straßen etwas kennen zu lernen. Wir fuhren gemeinsam mit Samuel, dem Fahrer des Zentrums und einem Studenten an die Grenze zu Togo hin. Nach gut zwei Stunden waren wir da. Zuvor hatten wir abgemacht, gegen sechs Uhr abends wieder zu Hause zu sein.

Die Trommeln erwarteten uns tatsächlich fertig gebaut. Wir vereinbarten, sie auf dem Rückweg abzuholen. Der Student meinte dann, wir müssten noch kurz bei seinem Elternhaus vorbeischauen, was wir auch taten. Dort fragte er nach Essen, was natürlich nicht zubereitet war. Wir wunderten uns – warum denn ein Essen? Na gut, dann fuhren wir einstweilen direkt an die Grenze, kauften ein wenig ein und besuchten auf dem Rückweg seinen Bruder. Ein Kind kletterte geschwind auf eine Palme, erntete rund 20 Kokosnüsse. Wir öffneten gleich einige davon und löschten unseren Durst mit Kokosmilch. Inzwischen war es fünf Uhr. Ich wurde langsam ungeduldig und fragte, ob wir jetzt die Trommeln abholten, um danach heimzufahren. Nein, jetzt ging es erst zum Essen zu den Eltern.

Es gab Maisbrei mit einer scharfen Fischsuppe. Wir saßen in einer einfachen Hütte, aus Lehm und Stroh gebaut. Mit den Händen wurde aus zwei Töpfen gegessen. Wasser gab es aus einem großen Tongefäß in der Ecke. Alle tranken aus einem Becher. Ich kannte die Menschen hier nicht, aber ich war willkommen. Man teilte das Wenige, das kaum zum Leben reichte, mit mir. Es wurde sechs Uhr abends und langsam dämmerte es.

Nachdem wir den Jeep angeschoben hatten, die Batterie war nämlich inzwischen kaputtgegangen, erledigten wir auf dem Weg noch einige kleinere Einkäufe, packten die Trommeln ein und kauften Benzin. Jetzt machten wir uns auf den Heimweg. Unterwegs mussten auch noch preiswerte Tontöpfe eingekauft werden. Es kam ja nicht mehr darauf an, es war ja schon dunkel. Ich hatte mich auf einen ruhigen Abend gefreut. Nun rumpelten wir auf einer katastrophalen Straße heimwärts.

Nachts kamen wir todmüde zu Hause an. Ich war leicht gereizt. Susanne lachte und meinte: »Das habe ich gleich gewusst, dass ihr viel später kommt …«

Im Nachhinein dachte ich mir: Warum muss eigentlich alles nach Plan ablaufen? Wir sind es als Europäer einfach so gewohnt und dann soll alles nach unserer Pfeife tanzen. Hier ist es manchmal so, als springt man morgens in den Tag, lässt sich vom Geschehen mittreiben und wird abends irgendwann wieder an Land gespült. Lieber Gott, ich muss noch viel lernen!

Das war alles in den ersten Wochen in Ghana. Und unser Visaantrag lag immer noch unbearbeitet bei der Kirchenleitung. Das Datum der Aufenthaltsgenehmigung war schon lange abgelaufen. Wir waren also gerade illegal im Land. Mit besorgter Miene eilte ich nach Accra. Was wäre, wenn wir unsere Zelte schon bald wieder abbrechen müssten? Aber da lachte die gute Dame vom Büro nur herzlich und tröstete mich:

»Don't worry. You will get it one day.« (Keine Sorge. Irgendwann werdet ihr es schon bekommen.)

Versöhnung auf Ghanaisch

Der Tag begann mit heftigen Trommelwirbeln um 2.30 Uhr morgens. Diese setzten sich bis um fünf Uhr nachmittags fort. Es war »Adaebutuw«, das neunte und letzte Adae-Festival vor dem großen »Odwira-Festival«, das im September stattfinden wird. Odwira ist das höchste Fest der Ghanaer und wird eine ganze Woche lang gefeiert. Und das wirft seine langen Schatten voraus. Da der Palast des Subchiefs von Akropong direkt hinter unserer Gartenmauer anfing, hatten wir zumindest die Geräuschkulisse live. Da hatten wir heute Morgen mal nicht das Gefühl, mit unseren Betten auf dem Marktplatz zu schlafen, sondern mitten im Trommelwirbel. Auch der Palast des Paramountchiefs dieser gesamten Region ist nur ca. 50 Meter Luftlinie entfernt und Nana Addo Dankwa III., der größte König der Akwapimberge, war eingeflogen. Und wir mitten drin!

Mama Salome, unsere Twi-Lehrerin, gehörte zu einem so genannten »stool-house«, d. h. einer der Subchiefs war ihr Onkel – natürlich einer der ganz wichtigen … »Kommt doch einfach mit und schaut euch an, wie wir Versöhnung feiern«, meinte sie.

Das Ganze fand im Innenhof des Palastes statt und begann mit verschiedensten Trommelwirbeln. Trommeln machen hier nicht nur einfach Krach oder geben irgendeinen Rhythmus vor, sondern sie erzählen. Die meisten Ghanaer verstehen die Botschaften. Währenddessen zogen etliche Chiefs mit ihrem »Hofstaat« ein: voraus der Sprecher mit einem goldenen Stab, dann die Queensmother und um den Chief herum seine Frau(en) und andere Familienangehörige, Älteste und Untertanen. Zum Schluss, als alle plaziert waren, zog der Paramountchief unter einem Baldachin ein. Alles jubelte ihm zu und etliche tanzten vor Freude.

Fast alle Männer und Frauen waren in traditionellen Kleidern erschienen, die Frauen herausgeputzt wie die Pfauen – mit Ketten, Ohrringen und Armreifen beladen, mit prächtigen, farbenfrohen Gewändern über den wogenden Hüften und hoch aufgetürmtem Kopfschmuck. Dagegen erscheinen die deutschen herausgeputzten Frauen wie Mauerblümchen. Nachdem der Chief auf seinem Podest Platz genommen hatte, bezog der Baldachinträger, der arme Tropf, Stellung. Die Zeremonie konnte beginnen. Das 9. Adae-Festival läutet eine sechswöchige Ruhezeit vor dem Odwira ein, in der die Ahnen schlafen und sich erholen dürfen. Während der Zeremonie wird ihnen das mitgeteilt und das Volk wird an die Regeln erinnert, die für diese sechs Wochen gelten. Da die Ahnen schlafen, darf in dieser Zeit kein Lärm gemacht werden. Das heißt, dass die Trommeln schweigen müssen, keine Nachtwachen vor den Beerdigungen stattfinden, keiner pfeifend oder lärmend in der Stadt erwischt werden darf. Selbst in den Gottesdiensten der Gemeinden müssen die Lautsprecherboxen entsprechend zurückgedreht werden, für meine Ohren sicher eine Wohltat. Die nächsten Wochen versprachen ruhig zu werden. Außerdem ist es nicht erlaubt, die neu geernteten Yamwurzeln zu essen. Denn der erste Bissen der neuen Ernte soll den Ahnen gehören. Sie bekommen ihn beim Odwirafest »serviert«. Neben dieser religiösen Deutung gibt es freilich auch noch eine medizinische. Die hatten wir am eigenen Leib erfahren. Frisch geerntete Yamwurzeln können heftige Magenschmerzen verursachen. Wessen Magen nicht rebelliert und wer auf die neue Yam nicht verzichten möchte, muss sie versteckt vom Markt nach Hause tragen und darf sich nicht damit sehen lassen.

Damit diese und andere Regeln auch eingehalten werden, gibt es Exekuteure, die heute Morgen mit symbolisch zerrissener Kleidung und Schwertern in Erscheinung traten. Sie haben die Aufgabe, während dieser Zeit alle Vergehen mit hohen Geldstrafen zu belegen. Früher wurde man einen Kopf kürzer gemacht, wenn man sich nach eindringlicher Warnung nicht an die vorgeschriebene Ruhe hielt. Heute muss nur noch ein Schaf geschlachtet werden.

Das Ganze war eine Mischung aus Kultur, Tradition und Religion. Es wurden Grüße und Geschenke verteilt, die neu ernannten Chiefs mit »Hofstaat« eingeführt und die so genannte »Libation« zelebriert. Das ist ein Trankopfer an die Ahnen, bei dem Schnaps auf die Erde gegossen wird.

Gegen Ende wurde getanzt, vor allem solo. Auch hier bewegt man sich nicht einfach zur Musik, sondern die verschiedenen Bewegungen geben Botschaften wieder. Faszinierend, wie sich die Trommler schier überschlagen, während vom kleinen Jungen bis zur Queensmother Tänze vorgeführt werden. Dabei geht das Publikum mit Zwischenrufen und begeistertem Winken mit und bietet ein Bild der Begeisterung und Lebensfreude. Man könnte sich um Jahrhunderte zurückversetzt fühlen – wären da nicht die elektronischen Armbanduhren mit ihrem durchdringenden Piepsen. Nana Addo Dankwa, der König, saß mit unbeweglicher Miene, wie aus Stein gehauen, da. Nur ab und zu schnippte er mit seiner Hand, an der ein überdimensionaler goldener Ring prangte, um Befehle zu verteilen. Eigentlich schade, dass ich kein König bin, dachte ich.

Die neuen Chiefs hatten alle Geschenke mitgebracht. Entweder ein Schaf oder eine Ziege. Manche brachten auch einige Kästen Coca-Cola mit. Da standen sie nun mit ihrem Gefolge, einige mit Getränkekästen auf dem Kopf und einer Ziege am Arm, im Innenhof des Königs. Die Frauen der Chiefs in glitzernde Tücher gewickelt und mit kräftigem Übergewicht. An den Händen und Armen klirrten riesige Ringe und Ketten aus bunten Steinen. Die Kinder begnügten sich mit Adidas-Turnschuhen. Verrückte Welt. Kulturen prallten gnadenlos aufeinander. Und es schien niemanden zu stören.

Einige Tage später hatten wir uns doch wieder über den Lärm aus etlichen Lautsprecherboxen geärgert. Es war immer noch offizielle Ruhezeit vor dem Odwira-Festival. Warum dann der Lärm? Fred, der Center-Gärtner, klärte uns auf: »Im Grunde ist das ganz einfach. Man zahlt die ›Strafgebühr‹ für den unerlaubten Lärm gleich im Voraus, also ein Schaf, das geschlachtet wird. Dann kann man Lärm machen, so viel man will. Die Ahnen stört das nicht mehr, weil man ein Opfer gebracht hat. Das Schaf wird gegessen und es gibt eine gute Suppe dazu.« Ich dachte mir doch, dass da etwas faul sein musste!

Es ist doch überall das Gleiche. Mit Tricks versuchen wir Menschen, Gott hinters Licht zu führen. Plötzlich war mir klar, was Gott meinte, als er zu den Israeliten sagte: »Was soll ich mit euren vielen Opfern? Die Schafböcke, die ihr für mich verbrennt, habe ich satt. Habe ich das verlangt? Stattdessen: Hört auf, vor meinen Augen Unrecht zu tun. Lernt Gutes zu tun, sorgt für Gerechtigkeit, haltet die Gewalttätigen in Schranken, helft den Waisen und Witwen zu ihrem Recht.« (nach Jesaja 1,10–17)

SLAVE EXIT TO
WAITING BOATS

In Sammys Dorf

Endlich war es so weit. Am Montagnachmittag brachen wir nach langem Hin und Her auf. Schon lange hatten wir diese Reise geplant, und nachdem Susanne und Anne zur Erholung nach Deutschland geflogen waren, dachten wir: jetzt oder nie. Dreimal hatten wir die Reise schon verschoben, aber als wir dann in Richtung Küste fuhren, kam Stimmung auf. Sammy war schon über ein Jahr nicht mehr bei seiner Familie gewesen. Und das war ein Problem für ihn geworden: »Wie denkt meine Mutter, wenn ich mich nicht mal blicken lasse?«

Über Accra nahmen wir den Weg an der Küste entlang Richtung Cape Coast, wo eine berüchtigte Sklavenburg steht. Aber davon später. Wie immer war viel Verkehr und wie immer war es entsetzlich heiß. Es war noch die Trockenzeit und gegen Ende dieser Zeit wird es manchmal unerträglich: Alle Fenster auf und schnell fahren hilft. Nach eineinhalb Stunden dann der erste Halt an einem Ananasstand. Sammy hatte mich schon vorgewarnt: Hier gibt es, natürlich nahe seiner Heimat, »the real ones«, die einzig richtig guten Ananas namens »sugarlove«, was man wohl nicht übersetzen muss. Wir verschlangen gleich zwei Stück pro Mann – welch ein Genuss. Die Frauen waren glücklich, wieder ein gutes Geschäft mit dem »whiteman« gemacht zu haben. Winkend ließen sie uns ziehen, nachdem wir zuvor ein Foto von ihnen gemacht hatten. Das mussten wir, darauf sind viele Ghanaer ganz scharf. Die Ananas stolz vor der Brust, mit strahlendem Gesicht!

In Mankessim bogen wir ins Landesinnere ab. Etliche Freunde und Verwandte von Sammy wohnten oder arbeiteten hier, denn eine halbe Stunde entfernt lag Sammys Dorf. Aber schon hier hörte ich immer wieder: Hey, Sammy ist wieder da! Mit einem »whiteman«. Bist du jetzt Fahrer bei einem Weißen? Dann geht es dir ja gut! Dann hast du es geschafft!

Oh, nein, das wollte ich gerade vermeiden! Der reiche Weiße lässt sich ins idyllische Urwalddorf chauffieren! So war der Ausflug eigentlich nicht gemeint …

Seine Schwester in der Apotheke strahlte wie ein Honigkuchen: »Sammy, wonderful, you are back, for how long?« Der Besuch war wie alle Besuche natürlich überraschend, denn Telefon gibt es nicht. So freuten wir uns, dass wir einige Freunde antrafen, was ja nicht selbstverständlich war. Die Mutter war leider nicht da. Es fiel uns richtig schwer, uns loszureißen, denn wir wollten noch bei Tageslicht im Dorf ankommen. Es zeigte sich bald, dass es gut war, bei Tag zu fahren. Die Straße verwandelte sich bald in eine Sandpiste und dann in einen Feldweg. Um große Schlaglöcher fuhren wir herum. Sie waren oft mit Wasser gefüllt. Fährt man in Afrika in die vielen kleinen Schlaglöcher, sind nach einem Jahr neue Stoßdämpfer fällig.

Dämmerung im Busch. Ein blutorangener Sonnenball tauchte alles in wunderschöne Farben und die Schatten von Bananenstauden und Ölpalmen zeichneten sich am Himmel ab. So erreichten wir das Dorf. Überall brannten kleine Kerosinlampen – Strom gab es hier nicht. Sofort wurden wir von einer Kinderschar umringt. Freunde schüttelten Sammy und mir die Hand. Es war, als sei auch ich heimgekommen: »Du bist willkommen, schön dass ihr da seid. Wie lange bleibt ihr? Warte, ich trage deine Sachen ins Haus. Du bist hier Gast.«

Das Problem war nur, dass uns jeder zu Gast haben wollte. Und so gab es bald ein großes Palaver. »Sie schlafen bei mir und essen auch bei mir.« »Nein, wenn sie bei dir essen, können sie nicht auch noch bei dir schlafen. Und außerdem braucht unser weißer Gast ein richtiges Bett. Der Chief hat ein Gastzimmer, dort sollen sie wohnen.«

So trabten wir zum Häuptling, grüßten alle und bezogen das Gastzimmer. Das heißt, ich bezog das Bett und Sammy weigerte sich standhaft, neben mir zu schlafen. »Ich schlafe auf dem Boden.« Das auch noch. Neben einem Fahrer hatte ich nun auch noch einen lebendigen Bettvorleger! Vorher gab es aber noch reichlich Fufu bei einem anderen Verwandten. Fufu ist das Nationalgericht im Süden Ghanas. Cassana, eine stärkehaltige Knolle und Kochbananen werden gekocht und in einem Holztrog gestampft. Schmeckt gut, liegt aber so schwer im Magen, wie er aussieht, der Kloß. Das Fufu musste ich als Ehrengast alleine auf einem Häuptlingsstuhl in einem Zimmer essen. Sammy gesellte sich später zu mir und ich bot ihm noch reichlich Suppe an, da alle Höllengeister darin verkocht zu sein schienen. Es brannte noch lange nach.

Nach einer kurzen Nacht wurde ich gegen sechs Uhr wach. Sammy war schon fleißig dabei, das Auto zu waschen. Langsam gewöhnt man sich daran. Was mache ich nur, wenn ich wieder nach Deutschland zurückkomme? Eine richtige Dusche war mir schon angekündigt worden und so verfrachtete man mich zusammen mit einem Eimer Wasser hinter das Haus. Die Dusche bestand aus dreieinhalb gemauerten Wänden, einem betonierten Boden mit einem Loch drin. Wasser schöpfte man aus dem Eimer und die ganze Soße lief dann in den Busch. Kläranlage? Nie gehört!

Nach endlosen Abschiedszeremonien machten wir uns auf den Weg nach Cape Coast, nicht ohne vorher in Mankesim Sammys Schwester bye-bye zu sagen. Und just da nahm uns das Schicksal wieder einmal die Planung aus der Hand. Kaum angekommen fielen wir nämlich in die Hände von Sammys ehemaligem Chef. Ein mir völlig fremder Mann, der ungefähr so breit wie lang ist, strahlte mich fröhlich an: »Wunderbar, dass ihr hier seid. Da müssen wir erst einmal was essen gehen. Und selbstverständlich schlaft ihr heute bei mir. Etwas anderes kommt gar nicht in Frage.« Sprach's, verstaute uns in seinem verbeulten Jeep und raste los in Richtung Kneipe.

Bei einer großen Flasche Bier und reichlich Reis mit Huhn und Chilisauce – es war ja auch immerhin schon halb neun Uhr morgens – quasselten er und Sammy wie wild drauflos. Er hatte Sammy das Autofahren beigebracht und sich einige Zeit um ihn gekümmert. Ich saß etwas verdutzt daneben und kaute an meinem Huhn.

Mr. Parker war Exporteur von Gemüse und Obst. Er besaß zwei Shops, zwei Taxis, zwei Frauen und acht Kinder. Und lachte eigentlich immer. Wir versprachen ihm hoch und heilig, abends bei ihm vorbeizukommen und die Nacht dort zu bleiben. »Ihr mögt doch Fufu, oder? Ich esse das jeden Tag zweimal. Reis hat mir der Arzt verboten, davon wird man zu dick!« So planten wir wieder einmal um und machten uns auf einen kürzeren Ausflug zu den Sklavenburgen in Cape Coast und Elmina gefasst.

Ghana war ab dem 16. Jahrhundert Hauptumschlagplatz für Sklaven in Westafrika. Sie wurden von dort in die Karibik, nach Asien und später auch nach Amerika verschickt. Von Soldaten wurden sie im Busch aufgespürt und gefangen genommen. Häuptlinge wurden oft gegen Schnaps und Glasperlen in den traurigen Handel mit eingespannt. Nur zehn bis 20 Prozent aller Sklaven überlebten den Transport. Unter unmenschlichen Bedingungen waren sie zusammengepfercht. Das Essen machte viele krank, Frauen mussten den Soldaten zur Verfügung stehen und nur wenn sie schwanger wurden, ließ man sie frei. Viele Mischlinge bevölkerten deshalb bald schon die Küste.

In der Kapelle der Festung stand ein Bibelwort: »Hier ist Jerusalem, Gottes Haus!« Mir wurde fast schlecht und ich dachte, nichts wie weg hier. Es war ein Ort des Grauens, eher der Hölle gleich.

Was sollte ich Sammy gegenüber sagen? Er sah mich nur verdutzt an. »Sei nicht traurig, alles kein Problem, heute ist alles anders«, meinte er. »Du machst es dir vielleicht einfach«, dachte ich bei mir. »Es ist das furchtbarste Kapitel westlicher Geschichte.« Ich saß hier mit meinem schwarzen Freund und schwieg lange Zeit.

Gegen fünf Uhr erreichten wir Mr. Parkers Haus, das idyllisch im Busch lag. Bescheidener Wohlstand wurde vorgeführt: ein Fernseher, Video, Kühlschrank und eine richtige Dusche mit fließendem Wasser. Sogar das Plumpsklo war beleuchtet. Nach etwas Fußball und dem unvermeidlichen Bier machten wir uns über das Fufu her. Diesmal mit Fisch, Fleisch und gerollter Rinderhaut. Mr. Parker strahlte, seine Augen leuchteten. Mein Magen rebellierte seit heute Morgen und ich fragte nicht, warum.

Satt, müde und zufrieden gingen wir schlafen. Sogar ein Moskitonetz war angebracht. Wie ein kleines Hotel! Bevor wir am nächsten Morgen gegen sieben Uhr in Richtung Heimat aufbrachen, grüßten wir noch Parkers zweite Frau. Sie wohnte hundert Meter entfernt in einem anderen Haus. Sammy grinste. Er wusste, wie ich darüber dachte. »Das ist nicht so fein, wie er das macht«, meinte er. »Als Christen können wir das nicht machen. Eine Frau ist genug«. Fand ich auch.

Unsere Schule in Akropong

Genüsslich räkelte ich mich in meinem Bett. An Schlafen war allerdings schon länger nicht mehr zu denken. Ab fünf Uhr hatten die nun schon vertrauten Geräusche einander abgelöst. Zuerst das Scheppern der Metalleimer, mit denen Frauen und Kinder das Wasser von der Quelle holten, dann das laute Husten und Schwatzen der Nachtwächter am Tor des Lehrerkollegs und schließlich noch das Kindergeschrei vom Schulhof, der nur etwa 20 Meter von meinem Bett entfernt lag.

Mit dem rhythmischen Scharren der kurzen Reisigbesen hatte der Schulvormittag begonnen. Die Putzkolonne bestand aus zwei Dutzend Grundschülern, die abwechselnd das gesamte Gelände fegten und das Gras mit der Machete mähten. »Das würde unseren verwöhnten Wohlstandskindern ganz gut tun«, dachte ich und erinnerte mich an so manche abfällige Bemerkung der deutschen Schüler über Putzpersonal.

Überhaupt war hier in den Schulen so vieles anders als bei uns. Wir hatten selber schon einige Jahre als Religionslehrer gearbeitet, und waren nun auch in Ghana mit christlicher Schülerarbeit beauftragt. So bekamen wir natürlich manchen interessanten Einblick. Akropong war als Stadt der Schulen wie geschaffen für uns.

Für eine Stadt mit nur 10 000 Einwohnern gibt es eine wahre Flut von Schulen: sechs Kindergärten, fünf Grundschulen, drei Junior-Schulen, zwei Senior-Schulen (neuerdings Klasse zehn bis zwölf), eine Berufsschule und eine große Schule für Blinde – das macht mit Kindergärten insgesamt 18 Schulen!

Folglich ist jeder »Dritte« in Akropong Lehrer, den Rest stellen Händler, Busfahrer und leider Arbeitslose. 80 Prozent der jungen Männer in Akropong sind arbeitslos. Eine einzige Berufsschule für 30 Schüler ist nur ein Tropfen auf den heißen Stein. Kleinindustrie gibt es in der ganzen Gegend nicht. Ein großes Dilemma.

Dass Akropong eine Stadt der Schulen ist, hat eine lange Tradition. Als Anfang des 19. Jahrhunderts die ersten Basler Missionare nach Ghana kamen, siedelten sie sich nach kurzer Zeit in Akropong an. Das war die erste Station, wo sie überlebten. Eines der Hauptanliegen der Basler Mission war zu der Zeit die Errichtung von Schulen. Von Anfang an wurden die Kinder in ihrer Muttersprache unterrichtet. Die Schulsprache Englisch wurde erst später eingeführt. Basler Missionare begannen damit, die Bibel in Twi zu übersetzen, sodass jeder in der Lage war, sie in seiner eigenen Sprache zu lesen. Heute haben die meisten Schüler in unserem Bibleclub eine so altertümliche englische Übersetzung, dass allein schon das Aufschlagen eine Zeitverschwendung ist.

1848 wurde in Akropong das erste Lehrerseminar gegründet, um einheimische Lehrer auszubilden. Heute sind hier direkt vor unserer Haustür ca. 800 Studenten. Es kann passieren, wenn man nachfragt, warum etwas so oder so gehandhabt wird, dass man zur Antwort bekommt: »Das habt ihr uns schließlich so beigebracht.« Was soll man dazu schon sagen?

Wenn ich mir die Schule hier so anschaue, dann bekomme ich richtig Lust zu unterrichten. Beim Anblick des Lehrergehaltes von durchschnittlich 90 DM pro Monat und 15 DM Rente pro Monat vergeht mir diese Lust allerdings schnell wieder. Für alle »disziplingeschädigten« und von verwöhnten Konsumkids gebeutelten Lehrer scheint Unterrichten in Ghana zunächst mal ein Paradies zu sein. Bei Schulbeginn treten die Schüler im Hof zur Morgenzeremonie an: Nationalhymne, Gebet, Abkündigungen, Kontrolle der Schulkleidung ...

Die Disziplin setzt sich im Klassenraum fort, auch wenn die Lehrer hier über Disziplinlosigkeit klagen. »Wenn die wüssten ...!«

Kann man sich etwa bei uns vorstellen, dass sich ein Schüler meldet, aufgerufen wird, aufsteht und beginnt: »Please, Madame, I want to ask a question ...«, oder auf eine Frage antwortet mit »Please, no« oder »Please, yes«? Bittet man einen Schüler um eine Gefälligkeit, gibt es gar nicht die Möglichkeit, dass er sie nicht tut.

Wie ist das möglich? Die nahe liegendste Erklärung bot sich eines Tages, als ich zu früh zum Schülerbibelkreis kam und mitten in ein Strafappell platzte. Nacheinander wurden Schüler einzeln aufgerufen und stiegen mit ängstlichem oder trotzigem Gesicht die Stufen zu ihrem »Richter« empor. Oben wartete ein Lehrer mit erhobenem Rohrstock. Unter dem Gelächter der Lehrer setzte es Hiebe. Wofür? Verspätung zum Unterricht! Warum nur lachten die Lehrer? Das ging mir nicht in den Kopf. Die Disziplin aber allein mit dem Rohrstock zu erklären, von dem hier – wenn auch nicht offiziell – rege Gebrauch gemacht wird, ist, glaube ich, zu einfach. Die gesamte Gesellschaft ist nämlich stark hierarchisch aufgebaut. In jeder Familie hat der Ältere das Sagen. Alte Menschen werden respektiert und geehrt. Die Jungen werden dazu erzogen, ihnen zu gehorchen.

Da man traditionell in einem Compound wohnt, funktioniert dieses System auch in der Praxis. Kinder lernen sehr schnell, wem sie sich unterzuordnen haben und wem sie Befehle erteilen dürfen, nämlich kleineren Geschwistern.

Individualismus ist in Ghana eine Erscheinung der Neuzeit. Von daher konnte in der traditionellen Gesellschaft im Grunde jeder im Dorf jedes Kind erziehen. Die Werte und Ziele waren dieselben und allgemein verbindlich. Heute brechen diese Strukturen vor allem in den Städten auf und rufen, wie man sich denken kann, viele Schwierigkeiten hervor.

Respekt und Gehorsam gegenüber Älteren und feste, allgemein gültige Verhaltensmuster werden also von klein auf trainiert. Dazu kommt dann noch besagter Rohrstock. Heute werden damit »nur noch« ständige Unpünktlichkeit, Schwänzen, Frechheit und sonstige Vergehen geahndet. Früher gab es auch für falsche Antworten Hiebe.

Einmal gestanden mir ein paar Teenager vom Bibelclub, dass sie vor bestimmten Fächern besonders viel Angst haben, weil sie dort immer noch für falsche Antworten geschlagen werden. Nach meinem anfänglichen Erstaunen war ich dann wenigstens erleichtert, dass keine meiner Bibelclub-Kolleginnen unter diesen gefürchteten Lehrern ist. Das ist doch wenigstens etwas.

Auch wenn ich selbst ein erbitterter Gegner des Stocks bin, möchte ich doch nicht unfair sein. Die Situation der Lehrer ist wirklich nicht einfach. Bei einer normalen Klassengröße von 50 – 60 Schülern in bescheidenen Klassenzimmern mit einem Minimum von Unterrichtsmaterial zu arbeiten, erfordert eine ganze Menge. In manchen Klassenzimmern ist die Tafel so schlecht, dass man nur mit Mühe die Schrift lesen kann. Es gibt wenige Bücher, von Schnickschnack wie Kopierer, Diaprojektor oder Labors ganz zu schweigen!

Diese Unterschiede bringen mich im Bibelclub manchmal ganz schön ins Schleudern. Ich könnte jedes Mal dort antreten und ihnen einen halbstündigen Vortrag halten. Ich glaube, sie würden mir brav zuhören. Aber das befriedigt mich ganz und gar nicht. Ich erinnere mich an eine meiner ersten Bibellektionen über David. David war ja der Jüngste in seiner Familie und wurde zum König gewählt. Ich fragte die Schüler, ob sie – wenn sie die Wahl hätten – lieber das jüngste oder das älteste Kind in der

Familie wären? Schweigen! Ratlose Gesichter! In ihnen ist zu lesen: Was soll die komische Frage? Später sprach ich mit einem ghanaischen Freund darüber. »Weißt du«, meinte er, »die Kinder haben nie eine Wahl und sie werden nie nach ihren Wünschen gefragt. Die waren mit deiner Frage völlig überfordert!«

Auch wenn viele meiner Fragen zunächst auf Ratlosigkeit stießen, wollte ich dass sie mitdenken, dass sie sich äußern, dass sie selbst aktiv werden und eine eigene Meinung entwickeln. Ich habe mich schon oft gefragt, ob das vielleicht europäische Ziele sind, die hier unangebracht sind? Aber mein Verständnis vom Glauben bringt mich immer wieder dazu, diese Dinge anzustreben.

Jesus hat Menschen immer vor persönliche Entscheidungen gestellt. »Was willst du, dass ich dir tun soll?« – »Komm, und folge mir nach!« – »Was ist mit euch? Wollt ihr auch weggehen?« Es geht nie um die Menge oder um die Meinung der Familie, sondern um mich und meine Lebensentscheidungen.

Und so werden wir eben weiter ausprobieren und dazulernen in der Hoffnung, viele Schüler für Jesus zu begeistern.

Mit Liebe und viel Chili

Eines Tages saßen sie wie Hühner auf der Stange auf den Korbstühlen in unserem Innenhof – ein halbes Dutzend Sechstklässler mit erwartungsvollen Gesichtern und unterdrücktem Gekicher. Englisch wollten sie lernen, und wir sollten ihnen dabei helfen. Irgendeinen Grund braucht man ja schließlich, um einfach bei den Weißen aufzutauchen. Englisch lernen machte sich da ganz gut. Denn Lernen ist immer besser als Spielen – so sahen es zumindest die Eltern.

Und so begann meine Freundschaft mit Washington. Er kam nämlich nicht nur einmal. Hartnäckig und mit erstaunlicher Fantasie fand er immer wieder einen Grund, uns zu besuchen. Bis er schließlich keinen Grund mehr brauchte. Er hatte wohl gespürt, dass er mich mit seinem Lachen verzaubert hatte.

Washington übte Twi mit mir und grinste spitzbübisch vor sich hin, wenn meinem Hirn nur unverständliches Zeug zu entlocken war. Wir spielten Kniffel und Memory, Family-Tennis und Frisbee. Anne rannte ihm nach wie ein Hündchen, und schließlich taufte er das bernsteinfarbene Kätzchen, das wir ihm geschenkt hatten, »Annie«. Als mir »Annie« nach einigen Wochen über den Weg lief, standen mir die Haare zu Berge, genau wie dem mageren Katzentier. Bloß nicht darüber nachdenken! Mit unseren deutschen, fetten Wohlstandskatzen verglichen kamen mir schon Romeo und Juliet, unsere beiden Katzen in Akropong, unterernährt vor – obwohl sie sicher besseres Essen bekamen als so mancher Zweibeiner. Aber dieses hellbraune, glanzlose Gestrüpp da vorne!

Mit eingedostem Rindfleischfilet und Katzenpralinés wäre vielleicht auch aus ihr noch etwas geworden.

Washington schien jedenfalls meistens genauso hungrig wie sie. Oft kam er kurz vor der Mittagszeit zufällig vorbeigeschneit und nickte dann fast genauso zufällig, wenn wir ihn zum Mittagessen einluden. Tapfer verdrückte er so manche deutsche Spezialität. Nur dem Sauerkraut zog er einen knurrenden Magen vor.

Aber Washington war nicht einer von den »Schnorrern«. Er beschäftigte Anne, wenn wir zu tun hatten, schleppte Hefte und Bücher über kulturelle Besonderheiten heran oder brachte uns Geschenke mit: Bananen, einen Spüllappen oder in eine Serviette gewickeltes Plastikbesteck. Einmal stand er vor Schulanfang mit einem Eimer Wasser vor der Tür. Er hatte gehört, dass unser Wassertank leer war. Deshalb war er schon im Dunkeln zur Quelle gelaufen, damit wir am Morgen duschen konnten.

Dann kam die Zeit, da hatte er immer einen anderen Bruder oder eine Schwester im Schlepptau. Das weckte meine Neugier. Er erzählte mir von seiner Familie. Er lebte bei Oma, mit unzähligen Halbgeschwistern, Cousinen und Cousins. Die Mutter wohnte kaum einen Kilometer entfernt im Nachbarort, der Vater irgendwo. »Vater unbekannt oder untergetaucht« – das war in Akropong leider eher die Regel als die Ausnahme. Aber die Mutter im Nachbarort? Warum lebte er nicht bei ihr? Achselzucken war die einzige Antwort, die Washington darauf hatte. Vermutlich wusste er es wirklich nicht. Denn wer klärt schon Halbwüchsige über Zusammenhänge auf? Und wer fragte, galt als lästig und naseweis.

Jedenfalls schien mir alles so verworren, dass ich Lust bekam, seine Familie kennen zu lernen. Fast beiläufig erwähnte ich es ihm gegenüber. Kurze Zeit später stand er vor der Tür und meinte: »Meine Großmutter ist vorbereitet.« Vorbereitet? Worauf denn? Ich wollte doch nur mal »Hallo« sagen. Mir schwante, dass es damit nicht getan sein würde. Dabei hatte ich mir gerade erst den Magen mit Yamsuppe vollgeschlagen.

Es war tatsächlich alles vorbereitet: Das kleine Zimmer tipptopp aufgeräumt, die Cola für Anne und mich kalt gestellt und das Fufu schon fertig gestampft. Ganz nebenbei hatte Washington mich schon auf dem Weg gefragt, ob ich wüsste, wie man Fufu isst. Man konnte ihm die Erleichterung abspüren, als ich bejahte.

Washington bewirtete uns nach allen Regeln der ghanaischen Gastfreundschaft: Wasser als Begrüßungstrunk (von dem ich aber nur so tat, als ob ich trank, um mir nicht gleich den nächsten Durchfall einzuhandeln), eine Schüssel mit Wasser und Seife, denn Fufu isst man mit der Hand; danach stellte er uns seiner Familie vor.

Es waren tatsächlich viele, die in den drei winzigen Zimmern um einen nicht viel größeren Innenhof Unterschlupf fanden: die Oma mit drei ihrer Schwestern, dazu dreizehn Enkel und ein Urenkel. Anspruchsvoll waren sie wohl alle nicht. Aber was mich erstaunte: keine Väter, keine Mütter! Nicht zwei Kinder von demselben Elternpaar. Die alten Damen waren rührend. Aber wer kümmerte sich hier eigentlich um wen?

Washington jedenfalls kümmerte sich an diesem Nachmittag prächtig um uns. Er teilte sogar einen speziellen Erfrischungstrunk mit uns. Seine Tante hatte ihn aus London geschickt und Washington hütete ihn in einer Art Geheimversteck. Das Fufu schmeckte trotz höllisch scharfer Suppe an diesem Tag besonders gut – wegen all der Liebe, die darin steckte.

Einige Wochen später zog Washington plötzlich zu seiner Mutter ins Nachbardorf. Warum, wusste er wieder nicht. Und glücklich darüber schien er auch nicht. Ein einziges Mal bohrte ich, um den Grund für seine Traurigkeit herauszufinden. Doch er wollte seine Mutter nicht anschwärzen. Deshalb dauerte es lange, bis ich verstand.

Er brauchte neue Schuhe. Seine alten hörten knapp vor der Ferse auf, Schuhe zu sein. Außerdem hatten die Lehrer schon mit Schlägen gedroht, falls die nötigen Schulhefte nicht bald vorlägen. Seine Tante in London hatte Washington vor einiger Zeit ein paar Pfund geschenkt, die er für solche Zwecke gespart hatte. Aber die Mutter hatte ihn ausgetrickst und das Geld ohne weiteren Kommentar eingesteckt.

Dieser Trick schmerzte ihn mehr als die kaputten Schuhe. Tagelang war er wie versteinert. Das Geld für die Hefte und neue Sandalen konnten wir ihm zwar geben, das verlorene Vertrauen zu seiner Mutter jedoch nicht. Das schmerzte auch mich.

Washington hat mir viel bedeutet. Er hat mich ein bisschen in sein Herz schauen lassen. Er erlaubte mir zu sehen, was sich hinter diesen »schnorrenden« Kindern verbarg: der Compoud mit den Omas, die fehlenden Väter und Mütter, zu viele Kinder in winzigen Zimmern, das Achselzucken auf wichtige Fragen …

Aber ich sehe bis heute auch den Fufukloß in der dampfenden Chilisuppe. Es ist einfach schön, Kinder zu Freunden zu haben.

Jesus im Slum

Da saß er wieder vor mir, der Mann, der mich so faszinierte. Weit über 1,90 Meter groß und klapperdürr wie ein Weidenstab. Sein stoischer Blick ging immer ein wenig in die Ferne und schien Dinge zu sehen, die uns verborgen waren. Solomon war ungefähr Mitte dreißig, verheiratet und hatte zwei Kinder. Er war mir gleich aufgefallen, als wir uns das erste Mal bei einer Tagung sahen. Anne krabbelte mit ihren paar Monaten zu ihm und setzte sich dem fremden Mann auf den Schoß. Wir rieben uns die Augen. Gab es so etwas? Als wäre es das Normalste auf der Welt saß sie da und er spielte mit ihr. Es ging eine unglaubliche Ruhe und Gelassenheit von diesem Mann aus. Ich wollte ihn kennen lernen.

Solomon wurde im Norden Ghanas geboren, in einem unbedeutenden Dorf. Wie fast alle Menschen erlebte er eine karge und einfache Jugend. Das Leben der Menschen dort oben ist geprägt von Hitze, dem mühsamen Bewirtschaften der Felder und der Suche nach Wasser. Als aufgeweckter Junge lief er in die Hände eines holländischen Missionars der Presbyterianischen Kirche, der ihn förderte und auf die Schule schickte.

Wie alle jungen Leute zog es ihn in den Süden. Und freilich war der Holländer dagegen. »Alle fähigen jungen Leute gehen in die Hauptstadt. Was sucht ihr dort? Was glaubt ihr, dort zu finden?« Er war sehr enttäuscht, dass auch Solomon sich aufgemacht hatte und in der Nähe der Hauptstadt Accra eine Ausbildung als Pfarrer begann. Den jungen Lehrer hätte er gut gebrauchen können. Schließlich gründete der Missionar eine Gemeinde nach der anderen und brauchte Katecheten und Lehrer ohne Zahl.

In Gedanken hatte er ihn für den Norden abgeschrieben. Er zählte ihn damals auch zu denen, die sich ein besseres Leben wünschten und den einfacheren Weg suchten. Verständlich war es ja, aber eben auch bitter für die, die blieben. Aber da hatte sich der Holländer gründlich getäuscht.

Solomon absolvierte die Ausbildung am Kolleg der Kirche und begann eine kleine Arbeit unter gestrandeten Menschen aus dem Norden. Nebenher, versteht sich.

Viele waren es, die ihr Glück in der großen Stadt gesucht hatten. Ungläubig hatten sie vor den Waren der Läden gestanden, mit großen Augen sahen sie in die Auslagen. Hier war das Leben, hier wollte man sein. Aber vor dem großen Glück lag ein Arbeitsplatz und der war rar gesät. So konnten sie oft keine Miete bezahlen und siedelten sich in ärmlichen Gegenden von Accra an. Natürlich miteinander, denn sie verstanden die Sprache der Südghanaer nicht so recht. Im Laufe der Jahre wuchsen die Siedlungen zu Geschwüren heran, ohne Kanalisationen und mit nur wenigen Wasserstellen, dafür mit unzähligen Kindern und leeren Mägen. Mit den Siedlungen wuchs das Elend, die Krankheiten und die Not der Menschen.

Die Politiker waren, wie so oft, überfordert angesichts der drückenden Vielzahl der Probleme. Hier und da eine Geldspritze, die sich schnell im Sumpf von Korruption und Elend verlor. Die wenigen Projekte waren überschaubar an der Zahl, und die Kirchen scheuten sich, einen Anfang zu machen. Denn die Menschen im Norden waren in der Mehrzahl Moslems und da musste man schon vorsichtig sein. Solomon störte das nicht. Mit seinem kleinen Moped düste er nach Nima und begann kleine Gebetskreise, Alphabetisierungskurse und gründete bald die ersten Gemeinden. Eins war ihm gleich deutlich geworden. Die Verkündigung der Guten Nachricht von Gottes Liebe für alle Menschen musste hier noch deutlicher als anderswo mit sozialen und diakonischen Projekten Hand in Hand gehen. Die Menschen wollten satt werden; das wäre eine gute Nachricht gewesen. Papier, ein Buch, eine Predigt alleine reichten hier nicht aus.

Inzwischen hatte er seine Ausbildung beendet und war ordinierter Pfarrer der Presbyterianischen Kirche von Ghana. Auf ihn konnte seine Familie stolz sein, denn er hatte es geschafft, er war etabliert. Doch das reichte ihm nicht aus. Ehrgeizig, wie er war, belegte er einen weiteren Studiengang an der Universität, um ein theologisches Diplom zu erreichen. Er wohnte weiterhin auf dem Campus und düste abends in seine Gemeinden. Nur am Wochenende und in guten Zeiten noch einmal unter der Woche besuchte er seine Frau Beatrice und die zwei kleinen Kinder in der Stadt. Alle litten darunter und bissen auf die Zähne.

So lernten wir Solomon kennen. In seiner ruhigen und besonnenen Art schloss er vorsichtig Freundschaft und besuchte uns von Zeit zu Zeit in den Bergen. Denn auch bei uns hatte er begonnen, Gemeinden zu gründen. Als Wachpersonal und Handlanger waren die Nordlichter überall willkommen. Sie kosteten wenig, lebten für sich und hatten kaum soziale Bindungen und Verpflichtungen. Sie waren ausgeliefert und das nützte man nicht selten aus. Viele waren aufgrund der Einsamkeit im Süden dem Alkohol verfallen und haltlos geworden. Doch für sie gab es Hoffnung: Eine Kirche, die Gottesdienste in ihrer Sprache anbot, mit Liedern aus ihrer Kultur und dem Angebot, lesen und schreiben zu lernen. Immer wieder donnerte Solomon mit seinem Moped und schlotternden Hosenbeinen bei uns in den Hof. Und irgendwann lud er uns ein, in seinen Gemeinden zu predigen. Für mich war das eine große Ehre. Man hatte Vertrauen geknüpft, sich kennen gelernt und nun wurde mir der erste Gottesdienst in einer kleinen Gemeinde in Nima anvertraut.

Wir fuhren alle an einem Sonntagmorgen hin. An einem verabredeten Platz wartete er mit seiner ganzen Familie. Seine Frau trug das Baby auf dem Rücken und nahm den kleinen Jungen an der Hand. Wir zogen mit unserer Anne hinter ihnen in ein verwinkeltes Labyrinth von Hütten und Wegen ein. Immer wieder überquerten wir kleine Bäche mit

Abflusswasser. Es war Sonntagmorgen, aber es stank schon ganz erbärmlich. Überall spielten Kinder. Kinder, so weit das Auge blickte. In ihre fröhlichen Augen zu schauen war immer schön, aber doch ernüchternd, wenn man an ihre Zukunft dachte. Mir standen die vielen Jungs vor Augen, die Tag für Tag die Straßen bevölkerten und an Autoschlangen im Stau Zigaretten und Taschentücher verkauften. War das der Traum von einem besseren Leben?

Irgendwann waren wir dann im Hof der Gemeinde von Nima. Ein kleiner Kindergarten und einige Klassenräume verbargen sich hinter einer hohen Mauer. Eine ärmliche Bananenstaude trotzte der Hitze und dem dürren Boden. Und Auntie Grace wartete schon und schloss uns in ihre Arme: »Wie schön, dass ihr da seid. Und meine kleine Tochter Anne ist ja auch da.« Sie drückte uns uns herzlich an sich und hüpfte vor Freude. Nun konnte der Gottesdienst beginnen. Wir zwängten uns alle in einen der Klassenräume, der für gut 50 Menschen Platz bot. Das Wellblechdach ließ nichts Gutes erwarten. Wir würden gebraten werden wie Hühnchen im Backofen. Aber da war nun nichts mehr dran zu ändern. Den Altar bildete ein Tisch mit einer schönen weißen Decke. Darauf standen rosa Plastikrosen in einer goldenen Vase. Die Grundausstattung war also da, es konnte beginnen.

Aber zuerst gab es noch Lese- und Schreibunterricht. Solomon wiederholte die Lektionen der vergangenen Woche und fragte die Gemeinde ab. Einige schwitzten ganz schön, andere taten ganz unbeteiligt. Wenn es nicht klappte, lachte man einfach. »Next time« hieß es dann. »Das nächste Mal klappt es dann bestimmt.«

Irgendwann übernahm der Katechet der Gemeinde die Begrüßung der Ehrengäste. Wir mussten aufstehen und wurden ausführlich beklatscht. Besonders unsere kleine Anne mit ihren blonden Haaren hatte es den Frauen angetan. Nach einem Gebet wurden Lieder angestimmt. Mit riesigen bauchigen Trommeln schlugen die Männer einen verrückten Rhythmus an und man sang und klatschte dazu. Eine alte Frau schrie immer wieder laut auf und heulte los wie eine Indianerin, während sie mit der flachen Hand gegen ihren Mund patschte. Hätte ich die Szene nicht mit meinen Augen gesehen, sondern nur gehört, hätte ich geglaubt, ich wäre im Wilden Westen. Es war herrlich. Ich versuchte mitzuklatschen, aber es misslang kläglich. Was sind die Ghanaer doch für musikalische Leute!

Nach viel Gesang und Gebeten, Bibellesungen und dem Tanz um den Opferkrug wurde ich dann gebeten, meine Predigt zu halten. Es war erbärmlich. Ich hatte den Text aus dem Johannesevangelium gewählt, in dem es um den Weinstock und die Reben geht. Aber sie kannten keinen Weinstock. Und keine Reben. Ich erklärte umständlich in Englisch. Mein Übersetzer übersetzte in eine Nordsprache, ein anderer übersetzte in eine andere Nordsprache. Alle schauten mich mit großen Augen an. Was erzählte der weiße Mann da?

Ich brachte die Predigt nach einer halben Stunde doch noch zu Ende. Es war inzwischen

Mittag. Ich war am Ende meiner Kräfte und kam mir so miserabel vor, wie schon lange nicht mehr – zudem war ich halb gar. Tropfnass nahm ich die Dankesworte zur Kenntnis und sah vor meinem inneren Auge nur noch die zwei Worte: »Nie wieder«. Susanne war inzwischen mit der quengelnden Anne aus dem 50 Grad heißen Raum gegangen und suchte etwas Schutz unter den müden Blättern der Bananenstaude. Entnervt, müde und leer schlich ich aus dem Ort meiner Niederlage. Und dann, als hätten unsere Freunde aus Nima meine Gefühle gespürt, tanzten sie alle langsam in einer großen Schlange aus dem Raum auf uns zu und schüttelten uns die Hand. Und strahlten. Und lachten. »Komm wieder, wir wollen mehr hören. Es war schön, dass ihr da wart.«

Ohne auf diesen eher kläglichen Versuch nochmals einzugehen, lud Salomon uns immer wieder zu Gottesdiensten in seine Gemeinden ein. Ich setzte mich auf meinen Hosenboden und bereitete einfache Predigten vor mit Bildern, die ihnen vertrauter waren als der Weinstock. Allmählich klappte es besser und man konnte an den Augen der Menschen ablesen, dass sie verstanden. Und hofften. Denn dieser Jesus ist ihnen in Nima zum Brot, oder besser gesagt, zum Hirsebrei des Lebens geworden. Viele haben im Glauben an ihn bisher Halt gefunden. In etlichen Werkstätten können Frauen ein kleines Handwerk lernen. Tücher werden gebatikt und auf dem Markt verkauft. An Nähmaschinen lernen sie nähen, es wird Seife hergestellt und die Alphabetisierungskurse sind gut besucht. Freilich, es sind die kleinen Zahlen geblieben. Obwohl die Gemeinden auf zwanzig gewachsen sind. Eine Pflanze der Hoffnung ist aufgegangen. Und ich sehe sie schon blühen.

Wie alles einmal begann

Es war Sonntagabend. Wir saßen im Gottesdienst des presbyterianischen Lehrerkollegs. Der Chor wiegte sich im Takt der Trommeln und sang, wie so oft, wunderbar. Es war schön, einfach dabeizusitzen und zuzuschauen, während die Studenten singend zur Opferschale tanzten und einige Pfennige einwarfen. Viele waren im traditionellen »Cloth« gekommen. Es hatte angenehm abgekühlt und wir freuten uns, als einzige Weiße unter 800 Ghanaern mitfeiern zu können. Die alte Steinkirche war wie immer voll bis zum letzten Platz, wir saßen eng aufeinander. Auch das gehört zu Ghana.

Meine Gedanken gingen zurück zu den ersten Missionaren, die Mitte des letzten Jahrhunderts unter unsäglichen Mühen hier anfingen zu missionieren. Wenn sie einen Blick in unsere Tage hätten werfen dürfen, was würden sie wohl dazu sagen? Und ich hörte meine ghanaischen Freunde sagen: »Hab keine Sorge. Sie wissen, was aus ihren Anfängen geworden ist. Sie sind ja unsere geistlichen Vorfahren, unsere Väter, unsere Ahnen. Sie sind bei uns und um uns, sie gehören zu der ›Wolke der Zeugen‹, von denen im Hebräerbrief berichtet wird.«

Ich dachte an Andreas Riis, der sich 1835 auf den Weg nach Akropong gemacht hatte, um sich hier alleine niederzulassen, zu leben, zu arbeiten und zu missionieren. Etliche Missionare waren vor ihm an die Goldküste, wie Ghana damals hieß, gekommen, doch sie waren alle gestorben. Das Klima in den Bergen von Akropong war besser, und Addo Dankwa I., damals der Häuptling des Königreiches von Akuapim, nahm Riis freundlich auf. Er erlaubte ihm sogar, sich ein Haus zu bauen. Dies lernte die Twi-Sprache und lebte acht Jahre mitten im Dorf. Er aß ihr Essen, nahm an ihren Festen teil und war ein gern gesehener Gast im Chiefspalast. Aber Riis wollte mehr. Er war getragen von dem Wunsch, die Botschaft der Liebe Gottes, die Botschaft der Bibel, bekannt zu machen. Addo Dankwa gab ihm eine deutliche Antwort: »Als Gott die Welt schuf, machte er ›Buch‹ für den weißen Mann und ›Fetisch‹ für den schwarzen Mann. Wenn du uns schwarze Leute zeigen kannst, die das Buch des weißen Mannes lesen können, werden wir dir folgen.«

Riis segelte mit Erlaubnis des Basler Missionskomitees in Basel in die Karibik und brachte sechs Familien, drei junge Männer und ein Mädchen aus Jamaika nach Ghana. Sie waren die Nachkommen ehemaliger Sklaven aus Afrika, »Negerchristen«, wie man sie damals nannte. Das brachte die ausschlaggebende Wende in der Missionsarbeit. 1843 kamen sie in Akropong an, bauten Steinhäuser, trieben Landwirtschaft und eröffneten bald eine kleine Schule. Diese »seltsamen« Steinhäuser waren es, die Riis den Beinamen »osiadan«, Häuserbauer, einbrachte. Noch heute ist der Baustil der Basler Missionare überall im Land sichtbar. Er ist ideal unter den gegebenen klimatischen Bedingungen und hat sogar dazu geführt, dass der Chiefspalast von Addo Dankwa III. nach dem gleichen Prinzip gebaut wurde: zweistöckig, damit ein guter Luftzug entsteht, weiße Farbe mit roter Tonerde an den Wänden. Das Holz als Schutz gegen Termiten farbig lackiert. Auch dieser Beitrag der Mission setzte sich später im südlichen Ghana überall durch.

Die Arbeit weitete sich auch nach Riis Heimkehr schnell aus. 1847 wurden die ersten sechs Ghanaer, allesamt Hausjungen der Missionare, getauft. 1848 entstand in Akropong ein Katechistenseminar, in dem junge Ghanaer zu Lehrern, Katechisten und später zu Pfarrern ausgebildet wurden. Von Anfang an gehörte Griechisch und Hebräisch zur fünfjährigen Ausbildung. Und spätestens hier bewährte sich die praxisorientierte Ausbildung der Basler Missionare. Sie waren handwerklich geschult, konnten Landwirtschaft treiben und die theologische Ausbildung verband pietistische Frömmigkeit mit fachlich kompetentem Wissen.

Dieser ganzheitliche Ansatz, von dem heute zu Recht die Rede ist, wurde hier bereits verwirklicht: mit Werkzeugen und Pflanzen aus der Karibik wurden erste Kakao-, Yams- und Papayaplantagen angelegt. Heute eine Selbstverständlichkeit in Ghana. Einheimische Christen bekamen eine ähnlich praktische Ausbildung wie die Missionare in Basel, die sie in ihren neuen Gemeinden ebenfalls einsetzen konnten.

Ausgehend vom Missionszentrum Akropong entstanden so in den nächsten Jahrzehnten mehr und mehr kleine christliche Zentren, Schulen und landwirtschaftliche Projekte. Sechs Jahre nach der Ankunft von Johann Gottlieb Christaller in Akropong konnte er bereits im Jahre 1859 die vier Evangelien und die Apostelgeschichte für den Druck vorlegen. Neun Jahre später war die erste Übersetzung der ganzen Bibel in Twi beendet. Christallers Twi Grammatik und Wörterbuch sind bis heute Standardwerke über Sprache, Denken und Brauchtum der Akans.

Das war bezeichnend für die missionarischen Bemühungen in Ghana: Die Christen sollten so bald als möglich die Bibel in ihrer eigenen Sprache lesen können. Darüber hinaus war dies ein wichtiger Beitrag zur Bildung der Bevölkerung und zur Eigenständigkeit der Kirche nur rund 50 Jahre später. Man sagt zu Recht, dass die Missionsschulen die Grundlage für das ganze Erziehungswesen in Ghana bildeten.

Für mich ist es immer wieder faszinierend zu lesen, wie das Zusammenwirken von Gemeindeaufbau, das Bemühen um die Verbesserung der Landwirtschaft und die Förderung von Handwerk und Handel Hand in Hand gingen. Man sprach damals noch nicht von Entwicklungshilfe. Aber sie war da, vorangetrieben von Missionaren. Im Gespräch mit Kritikern der Mission sollten auch diese Argumente heute bedacht werden. Ein mir befreundeter ghanaischer Pfarrer sagte mir zu diesem Thema: »Natürlich wurden und werden Fehler gemacht. Manches wurde in Basel entschieden, was in der Praxis nicht hilfreich war. Wo Menschen sind, ist es nur natürlich, dass Dinge auch falsch laufen. Aber die Hingabe dieser Leute und das Ernstnehmen unserer Kultur und Sprache hat uns überzeugt. In Ghana hat man nicht vergessen, was durch diese Missionare getan wurde.«

Die Anfänge liegen lange zurück. Heute, im Jahr 1996, hat sich viel verändert. Wir europäischen Mitarbeiter arbeiten unter ghanaischer Leitung in der Presbyterianischen Kirche mit. Nach dem Ersten Weltkrieg hatten die Basler Missionare das Land verlassen müssen und die Schottische Kirche übernahm die Arbeit. Seit 1926 befindet sich die Presbyterianische Kirche unter einheimischer Leitung.

Ungefähr 60 Prozent aller Ghanaer sind heute getaufte Mitglieder einer Kirche. Fast jede Denomination ist im Land vertreten: Lutheraner, Methodisten, Katholiken, Pfingstkirchen und viele einheimische afrikanische Kirchen, um nur einige zu nennen. Es gibt sicher auch viel nominelles Christentum in Ghana. Das Wachstum als Ganzes ist allerdings atemberaubend und beispielhaft.

Was aber ist aus Akropong geworden, dem kleinen Dorf in den Bergen von Akuapim? Auch Akropong ist größer geworden. Ungefähr 10 000 Einwohner zählt das Städtchen heute. Wir haben Stromanschluss, es gibt unzählige Shops, kleine Märkte, ein Postbüro mit Telefon. In der Mitte der Stadt erhebt sich der große Chiefspalast von Addo Dankwa III., nur noch übertroffen von der Kirche, die wie ein Dom an der höchsten Stelle über Akropong wacht. Sonntag für Sonntag strömen die Menschen in die zahlreichen Kirchen am Ort.

Aus den Anfängen des Lehrerkollegs ist eine große Ausbildungsstätte entstanden, in der jeweils 800 Studenten zu Lehrern ausgebildet werden. Die alten Gebäude der Basler Mission wurden liebevoll renoviert. Sie beherbergen heute das »Akrofi Christaller Gedächtniszentrum für Praktische Theologie und Missionswissenschaften«. Theologisches Denken und Forschung sollen hier mit Schulung und Fortbildung einheimischer Mitarbeiter der Kirche verbunden werden.

Und doch ist Akropong ein Dorf geblieben, das sich seiner Tradition, seinem Erbe, bewusst ist. Da ist auf der einen Seite der Königshof als Repräsentant der afrikanisch-traditionellen Religion. Addo Dankwa III. ist nach dem Glauben seiner Untertanen der sichtbare Repräsentant von »onyakopon«, dem Schöpfergott. Trankopfer und Riten stellen nach wie vor den Kontakt zur unsichtbaren Welt der Ahnen her. Unser Haus grenzt unmittelbar an das Grundstück einer Fetischpriesterin. Sie ist nicht die einzige Priesterin im Dorf.

Auf der anderen Seite die große presbyterianische Kirche. Das Christentum hat etliches verändert. Die Polygamie wurde zurückgedrängt, Schulbildung wird heute groß geschrieben. Etliche Internatsschulen sind im Umkreis entstanden, Akropong wurde ein »Schulstädtchen«.

Sonntags nehmen viele Einwohner aktiv am Leben der Kirche teil. Die Kirche ist heimisch geworden in Akropong.

Es stellt sich allerdings die Frage, ob das Nebeneinander von Christentum und traditioneller Religion so weitergehen kann. Es scheint eine gängige Praxis zu sein, dass viele Kirchenglieder in Krisensituationen nach wie vor traditionellen Riten nachgehen.

Es war spät geworden. Der Gottesdienst war längst zu Ende gegangen, und wir saßen auf unserer Veranda. Sicher, ich war heute im Gottesdienst nicht ganz bei der Sache gewesen. Aber das war nicht so schlimm. Ich fühlte mich irgendwie sehr geborgen in dieser Gemeinde von singenden und betenden Menschen.

Vieles verstand ich immer noch nicht und manchmal bleiben Dinge ja auch verborgen. Aber es war faszinierend, ein kleines Stück Kirchengeschichte zu durchleben und darin das Wehen des Geistes Gottes zu erkennen.

Das Haus Christallers steht heute noch. Es wurde ebenfalls liebevoll renoviert. Das macht mir Mut im Blick auf die Kirche in Ghana. Nicht einreißen und einfach Neues draufbauen war das Motto, als das Akrofi-Christaller-Zentrum entstand. Vielmehr aus der Geschichte lernen, Gutes aufgreifen und für heute nutzbar machen. »Wir leben aus unseren Wurzeln«, höre ich immer wieder. Ob das auch für uns gilt?

Der Lumpenhund

Mit einem lachenden Gesicht stand er vor mir: »Guten Tag, ihr seid neu in Akropong. Herzlich willkommen!« Ich war sprachlos. »Das ist aber eine Überraschung. Woher sprichst du ein so gutes Deutsch?« »Das habe ich mir selbst beigebracht, und außerdem hatte ich einige Kurse am Goethe-Institut in Accra belegt.«

Das war Kofi. Wir waren erst vor einigen Wochen in Akropong angekommen und orientierten uns gerade in unserer neuen Umgebung. Das schloss natürlich Freundschaften mit ein, die wir möglichst bald machen wollten. Denn mit Freunden lebt es sich gerade im Ausland viel einfacher. So luden wir ihn auf unseren Balkon ein und lernten uns kennen. Er war ein verheirateter Mann Mitte vierzig, Geschäftsmann. Als eine Art Bauleiter beaufsichtigte er Neubauprojekte und zog immer wieder für einige Monate in der Gegend umher, je nachdem, wo er gerade gefragt war. So konnte es sein, dass er plötzlich für Wochen wie vom Erdboden verschluckt war und eines Tages wieder vor unserer Tür stand. Wir waren recht froh, einen Ghanaer kennen gelernt zu haben, der uns ein wenig verstand und auch ansonsten einen netten Eindruck machte. Sein Vater war

Lehrer im Ort gewesen und hatte in den vergangenen Jahrzehnten immer wieder Missionare in ihrem Sprachkurs begleitet. Unser Missionsleiter kannte die Familie und besuchte sie immer, wenn er einmal im Jahr bei uns vorbeischaute. Aus gutem Hause war er also offensichtlich auch.

So schlossen wir Freundschaft. Er kam von Zeit zu Zeit vorbei und brachte Obst und kleine Geschenke mit. Auch stellte er uns einen seiner Freunde vor, der gleich bei uns um die Ecke wohnte. Dieser war uns allerdings eher etwas unsympathisch. Ganz ungeniert gab er zu verstehen, dass es immer gut sei, einen Weißen als seinen Freund zu bezeichnen. Dabei zog er seine verspiegelte Sonnenbrille von der Nase und gab sich weltmännisch: »Ich habe einen internationalen Import-Export-Handel in Accra. Ich bin Geschäftsmann.«

Seinem Haus in Akropong nach zu urteilen, ging es diesem internationalen Geschäft allerdings gerade nicht gut. Es glich eher einem ärmlichen Verschlag mit heruntergekommenen Möbeln. Später erfuhren wir, dass er ins Gefängnis kam, weil er sich mit falschen Schlüsseln Zugang zu den Postschließfächern im Ort verschafft hatte. Da war mir dann klar, dass er Freundschaft zu uns pflegen wollte, denn wir bekamen reichlich Post. Aber zurück zu Kofi.

Wir waren auf der Suche nach einer neuen Bleibe im Ort. Es hatte sich gezeigt, dass das Leben im Gästehaus unseres Zentrums recht anstrengend war und wir mehr Freiraum benötigten. Ein abgeschlossenes, kleines Haus war unser Wunsch. Am anderen Ende von Akropong entdeckten wir einen fast fertig gestellten Neubau, dessen Besitzer auf tragische Weise ums Leben gekommen war. Das Haus war geradezu ideal. Es hatte vier Zimmer, einen schönen großen Garten mit Mangobäumen und sogar Strom und Wasseranschluss. Ich schlich immer wieder um das Gebäude herum und bekundete, für alle gut sichtbar, mein Interesse. Dabei erfuhr ich, dass nach der Beerdigung des Besitzers, die sich über mehrere Monate verzögerte, alle Verwandten zusammenkommen und über den Besitz des Verstorbenen beratschlagen würden. Wir zogen andere Freunde zurate und hörten immer wieder, dass wir erst warten sollten, um zu sehen, wie sich die Dinge nach der Beerdigung entwickelten. Auch unser Chef schien recht verhalten zu sein. Das passte mir gar nicht und ich wurde langsam ungeduldig. So eine Chance war einmalig. Neu gebaute Häuser gab es bei uns auf dem Land schließlich nicht alle Tage. Und außerdem wollten die Besitzer in der Regel selbst darin wohnen.

Da kam eines Tages Kofi gerade recht. Ich erzählte ihm von meinen Plänen und Hoffnungen, ließ auch durchblicken, dass die Dinge sich nicht so entwickelte, wie ich es mir vorgestellt hatte. Da platzte Kofi heraus: »Alles gar kein Problem, der Verstorbene ist einer meiner engen Verwandten, im Grunde mein Bruder. Und wenn du das Haus mieten möchtest, kann ich alles für dich arrangieren. Lass mich nur machen.«

Ich atmete auf. Das war ja prima. Freudestrahlend berichtete ich Susanne vom Lauf der Dinge und sah uns im Überschwange schon das Grundstück in Beschlag nehmen. »Lass uns abwarten. Nur mit der Ruhe«, war ihre Antwort. Das befriedigte mich auch wieder nicht so ganz.

Einige Tage später klopfte es abends an der Tür. Ich öffnete und blickte in ungefähr zehn ernste Gesichter, allen voran Kofi. Sie waren alle in die üblichen Trauergewänder gehüllt. Schwarze und weinrote Gewänder, Einzelne sogar mit grausligen Totenköpfen oder Knochen aufgemalt. »Wir, die ganze Familie des Verstorbenen, sind gekommen, um mit dir über dic Vermietung des Hauses zu verhandeln. Wir sind damit einverstanden und wollen nun gemeinsam einen Weg finden.« Fein, dachte ich bei mir selbst, nun wird meine Frau sehen, wie ich die Sache in die Hand nehme und den Mietvertrag unter Dach und Fach bringe. Wäre doch gelacht, wenn ich das nicht hinkriege!

Wir setzten uns ins Wohnzimmer und das Palaver begann. Wir reichten Wasser als Begrüßungstrunk und jeder trank das Glas in einem Zug aus. Kofi übernahm die Sprecherrolle und erklärte etwas umständlich die Familienverhältnisse und die Rangunterschiede in der Familie. Vor Onkels und Tanten wurde mir ganz schwindelig. Man schüttelte jedem Einzelnen nochmals die Hand und bekundete sein Mitleid. Dann lief er direkt in die Zielgerade ein: Ich habe nun meinen Verwandten erklärt, dass du das Haus meines Bruders gerne mieten würdest, und wir können es uns gut vorstellen. Da ist nur ein Problem. Es ist noch nicht ganz fertig gestellt und das würden wir gerne vorher machen. Wir brauchen ungefähr eintausend Mark und zwar am besten gleich. Damit wir sofort anfangen können.

Ich war sprachlos. So einen Überrumpelungsversuch hatte ich noch nicht erlebt. Nun war ich an der Reihe und versuchte irgendwie, Zeit zu gewinnen. Natürlich hätte ich so viel Geld nicht bei mir – schließlich sei ich ein Missionar und deshalb nicht so vermögend, wie sie dächten. Dabei schaute ich möglichst harmlos drein und verbarg meinen Ärger. Mir schwante, dass irgendetwas nicht stimmen konnte.

Außerdem hätten wir eine Regel getroffen, dass wir solche wichtigen Dinge immer mit unserem Chef oder einem befreundeten Pfarrer besprechen würden. Ein nervöses Zucken im Mundwinkel meines Gegenübers bestätigte meinen Verdacht. Natürlich war ich weiterhin heiß an dem Haus interessiert und bat mir Bedenkzeit aus. Etwas unwillig zerstreute sich die Versammlung nach einer guten Stunde Palaver.

Die ganze Geschichte nahm dann einen geradezu dramatischen Verlauf. Wir erfuhren am Tag danach, dass Kofi im Grund gar kein direkter Verwandter des Verstorbenen war, sondern allenfalls über zehn Ecken verwandt. Er hatte seine Chance gewittert, den Weißen nach vielen ausgelegten Ködern nun endlich übers Ohr zu hauen. Dazu hatte er sich nicht gescheut, etliche ältere Leutchen anzuheuern, die seine Verwandten spielten. Jedem hatte er vermutlich eine stattliche Summe versprochen, an der sie mitverdient hätten.

Ich war sprachlos und zornig, aber auch maßlos enttäuscht. So war das hier also mit Freundschaften. Als Goldesel sind wir Weißen willkommen. In meiner Enttäuschung führte ich die üblichen Selbstgespräche und nahm Kofi so richtig auseinander.

Vermutlich ahnte er etwas von meinen Verdächtigungen und ließ sich vorsichtshalber ein halbes Jahr nicht mehr blicken. Als er mir dann wieder zwischen die Finger kam, deutete ich ihm meine Enttäuschung an – durch die Blume natürlich, denn so verlangt es die ghanaische Sitte. Das war dann das Ende unserer Freundschaft. Leider. Später sagte mir ein weiser Freund einmal, dass die ersten Freunde nie deine richtigen Freunde sein werden. »Das dauert länger, dann hält es aber auch und geht tief.«

Er hatte Recht.

Das Haus steht heute noch als halb fertige Bauruine herum. Gebüsch wuchert dort, wo ich unser Wohnzimmer geplant hatte. Davor grasen Ziegen und finden immer wieder ein schattiges Plätzchen vor der heißen Sonne. Auch recht.

Dann stirbst du halt mit uns

Jedes Jahr treffen sich alle ausländischen Mitarbeiter unserer Kirche zu einer Konferenz. Für ein paar Tage wird dann über Probleme und Erfahrungen in unseren Arbeitsfeldern berichtet. Ein etwas knorriger holländischer Pfarrer, der über 20 Jahre im Norden Ghanas Gemeinden aufgebaut hatte, meinte dazu nur lapidar: »Das ist nicht gut, wenn so viel Weiße in Afrika zusammen sind. Das ist wie mit Kuhdung. Wenn er auf einem Haufen liegt, stinkt er nur. Über das Land verteilt, hilft er aber und ist fruchtbar.«

Trotzdem machten wir uns mit Sack und Pack auf und zuckelten 700 Kilometer weit in den Norden Ghanas. Für vier Tage wurde getagt, diskutiert und ausgetauscht. Aber auch gefeiert, gesungen und gebetet. Besonders zum Beten hielten uns unsere ghanaischen Freunde immer wieder an und das war gut so. Wir besuchten auch Gemeinden im Norden Ghanas, der von vielen Ghanaern gerne etwas abschätzig beurteilt wird. Der Norden gilt als arm und unterentwickelt. Die Menschen leben in strohgedeckten Rundhütten. Es gibt nur kleine christliche Gemeinden. Der Islam dominiert. Stromversorgung kommt erst jetzt langsam auf, Schulbildung ebenfalls.

Und doch übt der Norden einen unglaublichen Reiz auf viele aus. Alles ist eben und recht karg. Immer wieder erheben sich kleine Ansammlungen von Rundhütten aus der Savanne. Die Menschen sind groß und schlank und scheinen stolz zu sein. Die Frauen tragen ihre Waren wie überall in Afrika auf dem Kopf. Sie müssen oft das Wasser über viele Kilometer von einem Fluss oder einer Wasserstelle hertragen. Sie laufen nicht einfach, sie schreiten gemessenen Schrittes einher. Die Hauptstadt des Nordens Tamale ist der Knotenpunkt für den gesamten Handel in den Süden und es geht dementsprechend lebhaft zu.

Als ich samstags an einem kleinen Stand in der Stadt eine Tageszeitung ergattern konnte, traute ich meinen Augen kaum: »Unruhen in Akropong. Ausgangssperre wegen gewalttätiger Auseinandersetzungen«. Ein Bild von unserem Städtchen zeigte ein großes Polizeiaufgebot mit schwerer Bewaffnung und Straßensperren. Was war bloß los? Der Artikel gab nicht viel Auskunft. Es schien um einen Landkonflikt zwischen Akropong und Abiriw, dem Nachbardorf, zu gehen.

Etwas beunruhigt fuhren wir einen Tag später zurück in den Süden. War das gefährlich? Was sollten wir sonst tun? Da es vor Polizei nur so wimmelte, entschlossen wir uns zu diesem Schritt. Am Ortseingang wurden wir angehalten und gründlich gefilzt. Es standen Soldaten in Kampfanzügen mit Maschinengewehren herum und schauten uns ernst an. Mit ihren Spiegelbrillen, die sie so sehr lieben, sahen sie aus wie Kinohelden, die gerade eine Nation vor dem

Untergang retten. Von ihnen erfuhren wir dann, was passiert war. Ein Häuptling vom Nachbardorf hatte ein Stück Land an einen Bewohner Akropongs verkauft. Obwohl alles vor dem Gesetz legal geregelt war, hätte er das nicht tun dürfen. Das Land war Teil des Ahnenfriedhofs und somit heilig. Der Käufer fing an, flugs ein Häuschen darauf zu bauen, und dabei kam es zum Handgemenge. Das wollten die Bewohner nämlich nicht zulassen. Ihr Häuptling sollte den Kauf vielmehr rückgängig machen. Aber dafür war es zu spät.

So rottete sich auf beiden Seiten der Mob zusammen und ging mit Stöcken, Steinen, Buschmessern und anderen Waffen aufeinander los. Es gab Verletzte und Tote. Das Nachbardorf spannte einen Jujumann ein, der ein bekannter Zauberer aus der Gegend war. Er gab an, durch einen Zauber gegen Kugeln unverwundbar zu sein. Da dies aber bekannt war, wurde er vor dem Postbüro mit einem Buschmesser niedergestreckt und angezündet. Offiziell gab es zwei Tote, man sprach unter der Hand aber von viel mehr. An einem Tag hatte sich der Zorn in unglaublicher Kraft entladen und war nicht mehr zu kontrollieren. Die Menschen flüchteten in ihre Häuser. Am gleichen Abend noch rückten Polizei und Armee an und unterdrückten jegliche Bewegung in beiden Dörfern.

Wir kamen also nach Hause und schlossen uns, wie es verlangt war, ab sechs Uhr abends ein. Das Tor wurde verriegelt und die Türen auch. Die patrouillierenden Soldaten erwischten aber immer wieder herumstreunende Jugendliche und gaben sofort Warnschüsse ab. Die Schrotkugeln prasselten dann ab und zu auf unser Metalldach und wir schauten etwas verstört gen Himmel. »Wenigstens haben wir in unserem nächsten Rundbrief mal was richtig Interessantes zu berichten«, meinte ich zu Susanne. Die nächsten Tage verliefen in angespannter Ruhe. Es gab Gerüchte über dies und jenes und überall standen Leute und diskutierten heftig. Bei Einbruch der Dämmerung verkroch sich alles hinter Schloss und Riegel. Jeden Morgen versammelten sich alle Mitarbeiter unseres Zentrums zum Gebet. Das war gut und tröstend. Sobald der »fromme Teil« aber vorbei war, gingen die Emotionen wieder hoch. »Die sollen nur kommen«, meinte ein Gärtner. »Wir in Akropong sind stärker.« Und unsere Hausangestellte sagte aufrichtig:

»Nein, das ist nicht gut, was hier passiert. Als Christen sollten wir nicht kämpfen, sondern vergeben und beten.« Um aber gleich glucksend hinzuzufügen: »Aber wir Akroponger sind Krieger! Wenn sie kommen, werden wir es ihnen zeigen.«

Nach vier Tagen überlegten wir uns, ob wir nicht besser für einige Tage in die Hauptstadt gehen sollten. »Nein, nein«, meinte Fred. »Du kannst nicht einfach abhauen und uns hier alleine lassen.« »Aber ich habe eine Familie und somit Verantwortung. Was, wenn meiner Tochter etwas passiert? Was, wenn sich die Lage verschlimmert?« Mit großen Augen schaute er mich an: »Dann stirbst du halt mit uns.« Sprach's, drehte sich um und schlenderte davon. So einfach war das also. Wir fuhren nicht nach Accra, sondern warteten, bis sich die Lage entspannt hatte.

Das dauerte so etwa eine Woche. Es gab noch einen Zwischenfall, der böse hätte ausgehen können. Ein Taxi wurde nachts gefilzt und es wurden zahlreiche schwere Gewehre und andere Waffen entdeckt. Offensichtlich hatte ein Mitglied des Chiefshauses vom Nachbardorf einen Racheplan für die erlittene Demütigung ersonnen. Er wurde verhaftet und somit waren alle gewarnt.

Zwei Tage nach unserer Rückkehr brach der Krieg im Norden Ghanas aus und wir hatten Glück, schon im Süden zu sein. Verschiedene Stämme hatten sich gegen einen Stamm zusammengetan, der sich gegen eine langjährige Ungerechtigkeit erhoben hatte. Es kam zu schrecklichen Ausbrüchen von Gewalt. Über 200 kleine Dörfer wurden niedergebrannt, Flüsse wurden vergiftet und es gab über 2000 Tote. Betrunkene Männer errichteten Straßensperren und filzten alle Autos nach Feinden, Geld und Waffen. Die Direktorin von Wyclif Ghana versuchte ein ghanaisches Ehepaar in das Zentrum zu schleusen. Der Mann kam aus dem mit Tamale verfeindeten Stamm. Bei einer Straßensperre wurde ihr Auto angehalten. Man zog den Mann vor Frau und Kind aus dem Auto und erschoss ihn vor aller Augen. Ein ehemaliger Klassenkamerad hatte ihn erkannt.

Einer unserer Pfarrer versteckte Frauen und Kinder in seinem Haus, die Zuflucht bei ihm suchten. Der Pöbel riss das Haus nieder und erschoss den Pfarrer. Ein Jahr zuvor saß er mir gegenüber auf einem unserer Seminare. Er hinterließ eine Frau und etliche Kinder.

Fast alle diese Kriege und Streitigkeiten sind Landkonflikte. Es geht dabei oft um Verkauf von Chiefsland, was für viele ein Sakrileg darstellt. Oder es werden bestimmte Volksgruppen unterdrückt. Es wird ihnen kein Häuptling zugestanden und damit kein eigenes Land. Sie bleiben ohne Grund und Boden, können ihr Vieh nicht frei weiden lassen und keine Felder bestellen. Sie bleiben abhängig und arm. Vielfach liegen die Wurzeln dieser Konflikte noch in der Kolonialzeit. Man hatte die Grenzen von Ländern willkürlich auf Karten bestimmt, Stammesgebiete ohne Rücksicht durch Grenzen unterteilt und Völker getrennt. Nomaden können heute nicht mehr ohne weiteres in fruchtbare Gebiete weiterziehen, weil Grenzen, von Europäern einst gezogen, sie heute daran hindern.

Heute hat sich die Lage sowohl im Norden als auch in Akropong wieder entspannt. Aber es wird Jahre dauern, bis die Wunden und der Hass verheilt sind. Susanne hatte ein Fußballspiel zwischen den Bibelclubs aus Akropong und Abiriw organisiert. Zunächst wurde heftig abgewehrt. »Mit denen verkehren wir nicht mehr«, hieß es. Erst nach langen Debatten fand das geplante Match statt. Zum Glück endete es 1 : 1 unentschieden. Vielleicht ist dies ein kleiner Anfang. Dass wenigstens jugendliche Christen erkennen, dass wir in Frieden zusammenleben können, weil Gott Frieden stiftet zwischen ehemaligen Feinden.

Operation geglückt – Patient lebt!

Tamala, die Hauptstadt des Nordens, gleicht eigentlich eher einem großen Dorf.

Viele Menschen leben mitten in der Stadt in traditionellen Rundhütten aus Lehm. Diese Siedlungen werden durch kleine Märkte und Lehmstraßen unterbrochen. Eine brütende Hitze liegt über der Stadt. Durch den staubigen Harmattan ist in der Trockenzeit alles mit einer feinen roten Sandschicht überzogen.

Der Staub dringt durch alle Ritzen, aber man gewöhnt sich daran. Es knirscht zwischen den Zähnen und nach einem halben Tag kann man sich wieder duschen, wenn man Wasser hat. Die extremen Temperaturen zwingen einen, nochmals einen Gang zurückzuschalten. Das Thermometer klettert leicht über 40 Grad Celsius.

Einen scheint das wenig zu beeindrucken. Dr. Abdullai ist eigentlich immer unterwegs, auch in der größten Hitze. Als hätte er einen gleichmäßig laufenden Motor in sich, ist er zehn oder zwölf Stunden auf den Beinen. Entweder sitzt er vor einer Schlange mit 60 oder 70 Patienten und behandelt einen nach dem anderen. Oder er operiert in seiner kleinen Klinik unter einfachsten Bedingungen. Wenn man ihn nirgends findet, ist er sicherlich in einer der Rundhütten aufzutreiben, die sich um das Klinikgelände befinden. Dort schaut er dann nach den vielen Frischoperierten, die zur Nachsorge und Beobachtung noch einige Tage auf dem Gelände bleiben müssen.

Mit einfachsten Mitteln fing Dr. Abdullai vor Jahren an. Als Kind armer Eltern hatte er Armut am eigenen Leibe spüren gelernt. Armut lernt man ja nicht einfach kennen, man spürt sie. Im Bauch, wenn er leer ist, oder irgendwo sonst im Körper, wenn man krank wird und kein Arzt bezahlt werden kann. »Ich bin das einzige Kind meiner Eltern, das heute noch lebt. Alle anderen neun Geschwister sind gestorben, viele schon früh, viel zu früh.« So fand er sich als Schulabbrecher, den Müll Tamales' in der Gosse auflesend, wieder. Wenigstens das tägliche Essen konnte er sich auf diese Weise halbwegs verdienen. Ein katholischer Pater lernte den Burschen kennen und erkannte den wachen Geist und die Intelligenz in dem Jungen. Er schickte ihn in eine Schule auf Kosten der Mission, später dann auf die Universität, wo er Medizin studierte. Er wollte nämlich Arzt werden. Ein Arzt, der denen helfen konnte, die ihn so dringend brauchen.

Er arbeitete etliche Jahre in staatlichen und kirchlichen Krankenhäusern. Doch das befriedigte ihn nicht. Dort wurde zwar gute Arbeit geleistet, die vielen Menschen mit Geld helfen konnte. Aber für die Armen gab es nur die kleine Hoffnung eines Armenfonds der Kirchen. Und der reichte nie aus. Außerdem erlebte er viel Korruption und Bestechung. Wer Geld hatte, kam schneller dran. Wer keines hatte, manchmal gar nicht.

So verließ er eines Tages eine abgesicherte Stelle mit etlichen Privilegien und baute unter einfachsten Bedingungen eine kleine Krankenstation am Rande Tamales auf. Es sollte eine Klinik für Arme werden. Für die, die sonst keinen Ort der Hoffnung hatten. »Die ersten kleinen Operationen habe ich unter diesem Mangobaum gemacht. Da mussten die Patienten unterschreiben, dass ich keine Garantie übernehme wegen der möglichen Infektionen. Und sie haben überlebt.« Dr. Abdullai lachte schallend und strahlte mich an. Das fiel mir gleich auf, als wir ihn kennen lernten. Er lachte eigentlich fast immer. Seine Arbeit zog Kreise und es fanden sich Unterstützer. Er konnte einen kleinen Wohntrakt und einen sehr einfachen Operationsraum bauen. Im Vorraum stand eine ganze Reihe mit Batterien, die Solarstrom vom Dach speicherte. Dadurch bekam er Strom für die Operationen. Ein Stromnetz gab es in dieser Stadtgegend nicht. Nun ging er durch die umliegenden Dörfer und suchte Unterstützung für ein geniales Vorhaben, das bis heute die Grundidee seiner Arbeit geblieben ist. Jedes Dorf der Gegend erstellte neben der Klinik eine Rundhütte für seine Kranken. Die Dörfer übernahmen die Versorgung der Kranken und die Pflege der Hütten. Im Gegenzug behandelte er alle Kranken aus den Dörfern zu günstigsten Preisen. Wer keinen Pfennig besaß, wurde umsonst behandelt. »Wenn vermögendere Leute kommen, knöpfen wir denen ein bisschen mehr ab, damit wir die anderen mitversorgen können«, sagte er zu mir und lachte wieder laut los. »Und das funktioniert?«, fragte ich erstaunt.

»Sicher funktioniert das. Wir haben allerdings immer nur das Nötigste. Aber letztlich versorgt uns ja Gott und es hat immer gereicht. Am Monatsende zählen wir den Überschuss zusammen und teilen alles gleichmäßig an die Mitarbeiter und mich aus. Jeder bekommt gleich viel oder gleich wenig.«

Ich konnte es kaum glauben und doch schien es wahr zu sein. Die Mitarbeiter bestätigten es mir: »Gott ist gut zu uns. Es ist nicht immer leicht, aber wir kommen zurecht.«

Im Laufe der Jahre entwickelte sich die Klinik. Ein Brunnen wurde gegraben und die Wasserversorgung sichergestellt. Solarstrom deckte die Versorgung mit Elektrizität ab. Und die Patienten gingen zur Untersuchung in ein kleines Gebäude vor der Klinik mit drei Behandlungszimmern. Auf der anderen Seite des Wohndorfes entstand ein Trakt für die Ärmsten der Armen, für die Geisteskranken. In einer Gesellschaft, in der Armut ein Problem ist, bleibt für sie oft nichts mehr übrig. Sie leben auf der Straße mit einer Schale in der Hand und hoffen auf das Mitleid ihrer Zeitgenossen. Dr. Abdullai hatte Wohnräume geschaffen und es einigen ermöglicht, hier mitzuleben und einfache Tätigkeiten zu übernehmen. Sie bewässern den Gemüsegarten, der ebenfalls zur Selbstversorgung angelegt wurde. Oder sie fegen das Gelände. Manche liegen auch nur in ihrem Raum und schauen in die Ferne. Bleiben dürfen sie alle.

Eine Armenspeisung in der Stadt war die neueste Idee von Dr. Abdullai. Sicher musste er aufpassen, dass sich nicht alle möglichen Leute an seine Dienste ranhängen. Aber das sieht er nicht so eng: »Gott hat mir so viel geschenkt. Was wäre aus mir geworden, wenn dieser Pater mich nicht aufgegriffen hätte. Als Christ will ich die Liebe Gottes weitergeben. Es ist ein Privileg, dass ich Arzt sein darf. Und damit will ich wuchern.«

Wir gingen in das Wohndorf für die Frischoperierten. Er führte uns einige Patienten vor. Da war ein Mann, den man im größten staatlichen Krankenhaus des Landes aufgegeben hatte. Man hatte alles versucht, doch das Geld für weitere Behandlungen war ausgegangen. »So schickten die mich nach Hause zum Sterben. Aber meine Verwandten brachten mich hierher und mit viel Geduld und einer guten Behandlung kann ich jetzt sogar wieder laufen.« Mühsam erhob er sich an Krücken aus seinem Rollstuhl und ging eine kleine Runde. Der Mann strahlte; uns standen die Tränen in den Augen. Ein anderer hatte schlimme Verbrennungen an den Beinen und konnte fast nicht mehr gehen. Dr. Abdullai hatte ihm Haut von andern Körperstellen transplantiert und sie wuchs gut an. Auch er hatte Hoffnung, dass er bald wieder gehen konnte.

Am Horizont verfärbte sich die Sonne zu einem glutroten Ball. Es war Abend geworden und es wurde nun schnell dunkel. Da wir mit einer ganzen Gruppe von jungen Leuten aus Deutschland seine Klinik besichtigt hatten, wollten wir uns auf den Rückweg machen. »Wartet noch ein wenig, dann nehme ich euch mit. Ich kann euch mit meinem Auto bis zu eurem Gästehaus bringen. Sonst müsst ihr zu lange laufen.« Freilich war es dunkle Nacht geworden, bis wir loskamen. Zu viele Patienten waren noch unbehandelt, zu viele Dinge liegen geblieben.

Wir quetschten uns zu viert in einen uralten Wagen, der so aussah, als wäre er noch aus der Kolonialzeit übrig geblieben. Als wir über die staubige Straße holperten, fiel plötzlich das Licht aus. Es war zappenduster und wir hielten an. Um uns herum tiefe Dunkelheit und Stille. Mir wurde mulmig und ich ahnte, was auf uns zukommen würde. Während ich mir alles ausmalte, wurde ich durch das schallende Gelächter von Dr. Abdullai in die Wirklichkeit gebracht. »Oh, Gott, jetzt haben wir kein Licht. Hilf uns und bring uns nach Hause.« Mit einer Taschenlampe fanden wir schnell die kaputte Sicherung und überbrückten sie mit einem Stück Draht. Mit einem lauten ›Halleluja‹ schwangen wir uns auf den Rücksitz und rumpelten lachend und singend nach Hause.

Am Abend unterhielten wir uns noch längere Zeit. Ich war tief bewegt von der Schlichtheit und Fröhlichkeit dieses Mannes. So stellte ich mir Nachfolge vor. Und ich dachte noch lange über mein Leben nach.

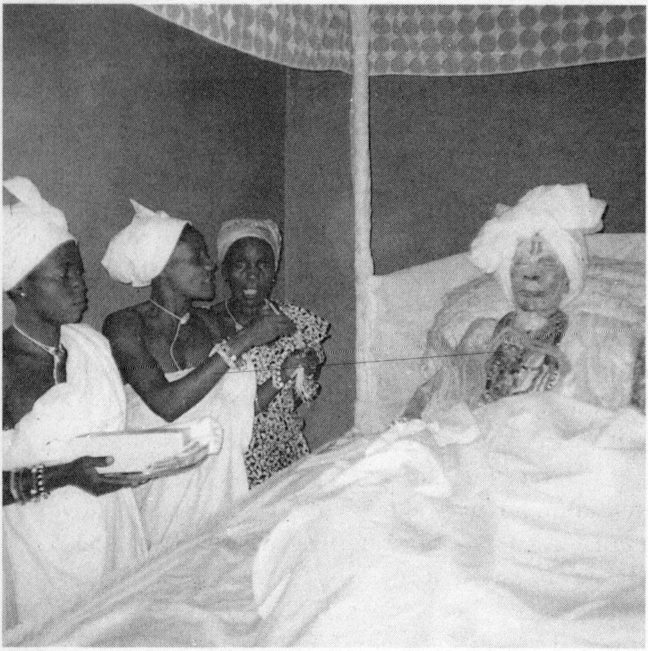

Die Fetischpriesterin ist tot

Durch wildes Trommeln im Hinterhof unseres Nachbarn wurden wir aufgeschreckt. Was war nun wieder los? Und das am Donnerstag, mitten unter der Woche? Kann man hier nicht einmal in Ruhe arbeiten? Etwas verärgert erhob ich mich von meinem Schreibtisch und fragte unsere Perle Emilia, die gerade die Wäsche schrubbte. Sie stand dabei vor etlichen Eimern, die sie an unseren Regenfässern gefüllt hatte, und schäumte wild vor sich hin. Das gefiel ihr. Mal so richtig mit Seifenpulver hausen.

Doch heute zeterte sie gleich los. »Es ist ganz schlimm. Ich mache mir Sorgen. Eine Fetischpriesterin ist gestorben und heute wird sie beerdigt. Wisst ihr das noch nicht?« Und fügte sie hinzu: »Was mich betrifft, da gehe ich nicht hin. Ich habe Angst.« Und unterstrich die Ernsthaftigkeit ihrer Aussage mit einem lang gezogenen »Oohhh!«.

So erfuhren wir also ganz nebenbei, dass wir uns eineinhalb Jahre der Nachbarschaft mit einer Fetischpriesterin erfreut hatten. Ihre Hütte und ihr Schrein befanden sich gleich neben einer unserer Grundstücksmauern im Gewirr der angrenzenden Häuschen. Links von uns die Fetischpriesterin, rechts daneben ein Königspalast, gegenüber eine Grundschule mit zweihundert Kindern und dahinter ein Lehrerkolleg mit achthundert Studenten. Für Abwechslung war gesorgt.

Die folgenden Tage erfuhren wir viel über die Aufgaben und Funktionen einer Fetischpriesterin und deshalb nehme ich Sie jetzt mit zu einem kleinen Ausflug in die Welt der Ahnen.

In der traditionellen Religion glaubt man, dass nur die Ahnen oder die guten Geister direkten Kontakt zum Schöpfergott haben. Gott selbst ist weit weg und als Geist für uns Menschen unerreichbar. Aber die Ahnen und die Geister leben in diesem Zwischenraum zwischen Gott und Mensch und können ohne einen lästigen Körper mit Gott in Kontakt treten. Gute Geister waren zu Lebzeiten gute Menschen und schlechte Geister so ähnliche Typen wie mein Lumpenhund weiter hinten im Buch. Das würde uns Menschen ja eigentlich noch nicht viel angehen, wenn wir nicht mit Gott in Kontakt treten müssten, um ihn zu versöhnen oder bei Problemen um Hilfe zu bitten. Das alles geht aber nur durch Menschen, die durch Rituale und einen guten Draht »nach oben« Zugang zu dieser verborgenen Welt haben. Genau das haben die Fetischpriester.

Eine Frau stellt zum Beispiel fest, dass sie keine Kinder bekommen kann. Das ist schlimm, besonders in der ghanaischen Gesellschaft, und wird als Fluch angesehen. Sie geht zur Priesterin und legt den Fall vor. Diese Frauen, es können vereinzelt auch Männer sein, wohnen oft ganz normal mitten im Dorf und gehen ihrem »Geschäft« im Schrein nach, wie der Pfarrer halt in der Kirche dient. In ihrem Wohnhaus haben sie aber keine Heiligenecke oder ein kitschiges Jesusbildchen, wie ich es oft in Wohnhäusern hängen sah. Bei ihnen befindet sich vielmehr ein Schrein, eine kleine Ecke oder ein Räumchen mit einem Fetisch darin. Das ist ein Gegenstand, durch den der jeweilige Geist, mit dem die Priesterin in Kontakt steht, redet. Die Priesterin befragt also den Fetisch und nimmt bestimmte Rituale vor. Ein Huhn wird geopfert, Geld wird verbrannt, die Bittstellerin muss sich rituell waschen oder für eine längere Zeit fasten. Das alles je nach Laune und Kommando des Geistes.

Während der Zeremonie wird die Priesterin oft besessen und sieht oder hört, was zu tun ist. In der Regel wird auch noch das übliche Trankopfer gebracht. Man schüttet Schnaps unter dem Hersagen von Gebeten als Opfer auf den Boden. Die Ahnen werden gerufen, die Botschaft an die unsichtbare Welt vermittelt und alle Feinde werden verflucht. Oft befürchtet man nämlich, dass das Problem durch andere Menschen, die einem böse wollen oder neidisch sind, herbeigeführt wird.

Und nun kommt für uns westlich aufgeklärte Menschen der Hammer: Das alles funktioniert! Die herbeigerufenen Mächte heilen tatsächlich die betreffenden Menschen. Feinde, die durch die Rituale aufgedeckt wurden, kommen wirklich in ernste Schwierigkeiten. Ich selbst kannte Fälle, wo Menschen durch so einen Zauber getötet oder einfach verrückt wurden.

Ich habe mir aber sagen lassen, dass die Geister sich nicht so leicht in die menschliche Willkür einlassen würden, sondern die Verhältnismäßigkeit abschätzen. Man kann also nicht einfach ohne jeden Grund den Nachbarn um die Ecke bringen, wenn er nicht wirklich etwas Schlechtes getan hat. Ein Glück, dass wir den Ghanaern nur Gutes taten.

Der Schrein der verblichenen Nachbarn war nur eine Zweigstelle von einem Mutterschrein. Ich glaube, sie haben sich das Prinzip von den Kirchen abgeschaut und ihr Gebiet in Dekanate eingeteilt. Im Nachbardorf Larteh war ein solcher Großschrein. Hier wurden Frauen sieben Jahre ausgebildet. Der Schrein übte eine solche Anziehungskraft aus, dass immer wieder sogar Amerikaner anreisten und ihre Zukunft erfragten.

Aber nun zurück zu unserer Nachbarin.

Wie alle Fetischpriester wurde sie nicht, wie sonst üblich, am Samstag, sondern Freitagnacht beerdigt. Die Nachtwache war also von Donnerstag auf Freitag. Zu unserer großen Freude wurde wieder stundenlang getrommelt. Es war irgendwie unheimlich, ein seltsamer, unüblicher Rhythmus, hektisch und laut. Nachdem wir den Schlaf so oder so abgeschrieben hatten, entschlossen wir uns, uns von der Priesterin für immer zu verabschieden, denn ›Auf Wiedersehen‹ oder ›lebe wohl‹ war wohl nicht angebracht.

Nach einem kräftigen Schutzgebet machten wir uns zusammen mit einer ghanaischen Bekannten auf den Weg – nacheinander, denn Anne wollten wir nicht mitnehmen. Mehrere hundert Menschen hatten sich versammelt, um der Glaubensschwester einen guten Übergang ins Jenseits zu ermöglichen. Alle

Priesterinnen waren ganz in Weiß gekleidet und mit weißer Kreide getüncht. Sie trudelten nach und nach ein, hielten hier und da einen Schwatz und lachten. Am Eingang lag eine abgestochene schwarze Ziege, an der sich mehrere tausend Fliegen labten. Sie sollte eine Woche lang vor sich hin morcheln, bis man sie wegbrachte. Nachdem wir also dieses erste Hindernis genommen hatten, machten wir es uns im Hof bequem und harrten der Ereignisse, die noch kommen sollten. Ein schwarzes Huhn wurde in Stücke gerissen und im ganzen Hof verstreut. Kein schönes Ende für einen Gockel.

Schnaps für Trankopfer und für die eigene Kehle wurde gereicht und man sprach reichlich zu. Viele waren schon ordentlich betrunken und hatten glänzende Augen. Als die Reihe an uns kam, lehnten wir dankend ab. Alle lachten. Klar, ich, als osofo, als Pfarrer, durfte ja nicht. Das war mir recht und ich schätzte wieder die Toleranz der Ghanaer. Die Leiche wurde noch hergerichtet. Deshalb mussten wir mit dem Rundgang warten. So saß man zusammen, schwatzte und schaute den Tänzen zu. Die Priesterinnen tanzten sich nacheinander in Trance. Irgendwann rissen sie dann ihre Kleider vom Leib, stießen Botschaften aus und ihre Gesichter bekamen starre, maskenhafte Züge. Ein Bild der Erlösung war das nicht – eher das Gegenteil. Ein Zeichen um den Hals vereinte sie all. Sie trugen eine grobe schwarze Kette als ein Zeichen der Gebundenheit an ihren Schrein. Da dachte ich mir: Das passt. Sie sind gebunden, nicht frei. Gebunden an die Macht von Geistern, die man gut stimmen muss.

Schließlich wurden wir aufgefordert, den Rundgang ins Leichenzimmer zu beginnen. Mir jagt es heute noch Schauer den Rücken hoch und runter, wenn ich daran denke. Da lag sie, eine alte Dame, ganz in Weiß gekleidet, einbalsamiert und weiß getüncht. Man hatte sie wie eine Puppe aufgesetzt und ihr ihren Fetischwedel in die Hand gedrückt. In der anderen Hand hielt sie ein Schwert als Zeichen ihrer Macht. Vor ihr lagen Gaben für die lange Reise: Tücher und Schmuck, Fäden und Schnaps. Letzteren hätte ich jetzt auch gebraucht. Ich schwankte wie benommen aus dem kleinen Zimmer und ließ die Gute bei ihrer schummrigen Beleuchtung allein.

Draußen schien die ganze Versammlung eher in eine Art Gartenfest überzugehen. Man saß in Gruppen oder einzeln herum, trank und erzählte. Die Riten schienen für viele zur Nebensache geworden zu sein. Wir blieben nicht mehr lange bei dieser Versammlung. Das war uns dann doch zu schauerlich. Auf dem Nachhauseweg schwatzte unsere Begleiterin aufgekratzt auf uns ein: »So ist das, wenn dich ein Geist besetzt. Dann kannst du nichts mehr machen. Der kommt über dich und du bist getrieben, zur Priesterin oder zum Priester zu werden. Andernfalls bringt dich der Geist um. Da gibt es kein Zurück.«

Sie war von dieser Überzeugung durch nichts mehr abzubringen. Ich konnte mir das nicht so recht vorstellen, dass man diesen Mächten willenlos ausgeliefert sein sollte. Da musste es doch einen Ausweg geben.

Und den gibt es ja auch. Wir beten. Wir müssen sehr viel beten als Christen in dieser Umgebung. Denn diese Leute sind immer um uns und wir wissen nicht genau, wie sie es mit uns meinen. Außerdem wissen wir von bekehrten Fetischpriestern, dass sie nachts eine Feuersäule über den Häusern von uns Christen sehen, wenn wir beten.

Etliches von dem Erlebten konnte ich mir nicht so recht zusammenreimen. Das alles war uns in Deutschland so fremd. Man hatte wohl schon davon gehört, aber so hautnah war es ja nie gekommen. Um so froher war ich über die Feuersäule auf meinem Dach, die ich dann immer wieder vor meinem inneren Auge sah.

Der Heilungsevangelist

Wochenlang war er erwartet worden. In der Hauptstadt Accra gab es riesige Plakatwände mit der Ankündigung seines Kommens. Er nannte es »Kreuzzug für Christus«. Der Evangelist war mehrere Meter groß abgebildet mit erhobener rechter Hand und der Bibel in der linken. Darunter war zu lesen: Lahme werden gehen, Kranke werden geheilt werden. Komm jeden Abend um sechs Uhr ins Fußballstadion und empfange dein Wunder.

Im Fernsehen und in den Tageszeitungen wurde ebenfalls lange schon die Werbetrommel gerührt. So war Ghana bestens vorbereitet auf sein Kommen. Mein Freund Cephas und ich planten wieder einmal, zusammen auf Beobachtungsreise zu gehen. Wir nahmen uns einen Tag frei und fuhren zur Schlussveranstaltung ins Stadion. Es war wie am Samstagnachmittag in einer größeren Stadt in Deutschland. Alles strömte ins Stadion. Obwohl die Veranstaltung erst gegen sechs Uhr abends anfangen sollte, füllte sich das Stadion schon ab der Mittagszeit.

Zehntausende von Menschen waren gekommen. An den Eingängen hatten sich kleine Märkte gebildet. Händler hatten Stände aufgemacht und verkauften ihre Waren. Frauen brieten Fleischspieße und boten Kenkeyen, einen vergorenen Maiskloß, der eher ghanaischem Geschmack entspricht als europäischem. Ordner mit breit glänzenden Bändern versuchten, etwas Ordnung ins Chaos zu bringen. Sie delegierten uns vorbei an Ständen mit T-Shirts und Ansteckern vom Evangelisten, vorbei an Videos und Büchern, die von seinen Heilungen berichteten.

Im Stadion war eine riesige Tribüne mit gigantischen Lautsprechern aufgebaut worden. Unzählige Helfer schwirrten umher und trafen die letzten Vorbereitungen. Mitarbeiter aus seinem Team aus Amerika gingen von Verkaufsstand zu Verkaufsstand und kontrollierten die Absätze und den Nachschub. Alle waren sie in feinstes Tuch gekleidet, schicke Zweireiher mit weißen Hemden und Seidenkrawatten. Die müssen ganz schön geschwitzt haben!

Der Evangelist war nicht alleine angereist. Zusammen mit einem großen Team war er für drei Tage eingeflogen und wohnte im feinsten Fünf-Sterne-Hotel des ganzen Landes. Die Nacht für runde 400 DM. Den ganzen Einsatz hatte er sich von der ghanaischen Kirche bezahlen lassen, die ihn eingeladen hatte. Diese eifrigen Christen verbanden viele Hoffnungen mit seinem Kommen. Und so scheuten sie keine Kosten und Mühen, den bekannten Mann nach Ghana zu bekommen.

Tags zuvor lud diese Kirche in den großen Saal des Staatstheaters zu einer Pastorenkonferenz ein. Der Evangelist predigte und rief zu einer großen Sammelaktion zu Gunsten seiner Arbeit auf. Ein ghanaischer Pfarrer von der Kirche verstieg sich zu der Aufforderung, im Vertrauen auf Gott Kredite bei der Bank aufzunehmen, auch wenn sie die eigenen Möglichkeiten überstiegen. Die ganze Einladung und die enorme Werbung kosteten schließlich 30 000 Dollar.

Das Vorprogramm wurde von der ghanaischen Kirche veranstaltet. Der Evangelist war noch nicht da. Er hatte eine Audienz beim Präsidenten des Landes in seinem Schloss am Meer bekommen. Und so eine Ehre kann man natürlich nicht abschlagen. Die Zeitungen berichteten später auch mit einem Foto darüber.

Laute afrikanische Musik heizte derweil die Stimmung im Stadion an. Die Menschen fingen an, mitzusingen und sich im Rhythmus zu wiegen. Immer noch drängten Massen ins Stadion. Vereinzelt gab es Rangeleien mit den Ordnern. Als diese sich nicht mehr zu helfen wussten, ließen sie alle Schranken fallen und tanzten einfach mit. So war die Harmonie wieder hergestellt. Etwas verloren, der einzige Weiße weit und breit, stand ich eingezwängt inmitten einer schwitzenden und glänzenden Menschenmasse. Die Amerikaner hatten sich auf die Tribüne zurückgezogen und beobachteten die Szene von dort aus. Die Menge tobte und genoss den Aufmarsch. Ein Lied jagte das andere, dazwischen jubelte der Pfarrer auf der Tribüne: »Halleluja, praise the Lord.« Und die Menge antwortete mit einem lauten »Amen«.

Nach ungefähr einer Stunde war es endlich so weit. Der Evangelist war angekommen. Strahlend und Erfolg verheißend stand er im Scheinwerferlicht. Ein eleganter Anzug verlieh ihm die Würde und die Autorität eines erfolgreichen Menschen. »So einer hat es geschafft«, dachten sich sicher viele. »Den hat Gott gesegnet. Wenn einer so viel Geld hat, und wenn Gott durch ihn sogar Wunder tut, steht er sicher in besonderer Verbindung mit Gott.«

Souverän nahm er das Programm in die Hand, plauderte vom Besuch bei dem Präsidenten, lobte Ghana und ermutigte die Menschen. Ein durchweg positives Bild eines positiven Menschen mit einer positiven Botschaft: »Gott liebt dich, der Teufel hasst dich. Gott meint es gut, der Teufel meint es schlecht. Gott heilt jeden, wenn er nur richtig glaubt. Wer nicht geheilt wird, glaubt halt nicht richtig.« Einer kurzen evangelistischen Predigt folgten Lieder und der Aufruf, sich Gott zur Verfügung zu stellen. Ein riesiger Chor der Kirche in Accra stimmte Lieder an und das ganze Stadion sang mit. Auf der Tribüne tobten die Menschen wie wild. Sie waren auch nicht durch eine Ansage zu stoppen, die auf die den maroden Zustand der Tribüne hinwies. Alles tanzte und wedelte mit Taschentüchern. Das gefiel mir dann doch wieder. Hier waren die Ghanaer zu Hause, hier ließen sie ihren Gefühlen und Empfindungen freien Lauf. Sogar der Evangelist schien beeindruckt. Er hatte sich umgezogen und kam in einem zweiteiligen afrikanischen Gewand auf die Bühne zurück. Als er zu tanzen anfing, war alles aus dem Häuschen. Sicher haben die Engel im Himmel in diesem

Moment geschmunzelt, vielleicht haben sie sogar mitgetanzt.

Langsam, aber sicher schwenkte das Programm dann in eine amerikanische Fernsehshow um. Die Menge wurde beruhigt. Der Evangelist ordnete einige Umgruppierungen im Publikum an und ließ die Menge Platz nehmen. Es wurde auch höchste Zeit. Meine Augen wanderten immer ängstlicher auf die Tribüne. Und dann ließ er die Katze aus dem Sack: Der Abend im Stadion war Teil des Abendprogramms seines Fernsehkanals in Amerika. Ein Kameramann kam auf die Bühne, Lieder und Parolen wurden mit dem Publikum eingeübt und dann »live« wiederholt – fürs Fernsehen sozusagen. Ein Klavierspieler bearbeitete die Tastatur in allen Variationen und der Evangelist wurde zum Solosänger. Er beherrschte einfach alles: Die Predigt, die Show, die Moderation, die Lieder und sogar das Einüben des Fernsehstücks gingen perfekt ineinander über.

Nur die Wunder ließen auf sich warten. Nach drei Stunden saß ein Rollstuhlfahrer vor mir immer noch fest in seinem Stuhl, obwohl nun eindeutig auf Heilungen hingearbeitet wurde. »Glaube und du wirst geheilt. Jeder kann sein Wunder erleben.« Die Menge tobte immer noch und antwortete mit lauten »Amen« und »Hallelujas«.

Nach drei Stunden Programm machten wir uns etwas enttäuscht und erschöpft auf den Rückweg. »Das war ja eigentlich alles schön und gut«, meinte mein

Freund. »Nach den Ankündigungen hatte ich allerdings mehr erwartet.«

Mühevoll kämpften wir uns durch die Menge zum Auto zurück. Doch wo war es nur geblieben? In einem Meer von Bussen und Autos stand mein Wagen eingequetscht. Als wollte er mir sagen, er könne auch nichts dafür, dass er so hoffnungslos zugeparkt wurde.

Ich wurde wütend. Hundemüde, verschwitzt und noch einen langen Rückweg vor mir, starrte ich auf den Parkplatz und sah mich schon bis Mitternacht warten.

Ärgerlich raunzte ich die Jungs an, die ich als Aufpasser angeheuert hatte. »Don't worry master, no problem.« Sie ließen mich einsteigen und nun wurde ich Zeuge eines unglaublichen Unterfangens. Alle Autos, ob Mercedes oder Bus, wurden vor meinen Augen auf die Seite getragen, um mir den Weg frei zu machen. An den Kotflügeln wurden sie in Schwingung versetzt und dann Stück für Stück auf die Seite gerückt. Über eine tiefe Abflussrinne legten die Jungen Bretter, unter die sie zuvor gesammelte Steine gehäuft hatten und mit einem todesmutigen Satz nahm ich die Brücke »made in Ghana«. Nach weniger als einer halben Stunde befanden wir uns auf der Rückfahrt. Und dann musste ich doch schmunzeln. Hatte der Evangelist nicht versprochen, dass jeder heute Abend ein Wunder erleben würde? Cephas brummte schläfrig irgendetwas neben mir. Ich hatte jedenfalls mein Wunder erlebt.

AFD 4745

Wer gut schmiert, gut fährt!

Ich war mit unserem Bus abends in der Hauptstadt Accra unterwegs. Für einige Tage wollten wir als Familie in einem Gästehaus ausspannen und Einkäufe für Akropong machen. Das war nötig, weil es bei uns nicht viel zu kaufen gab. In der Hauptstadt gibt es dafür fast alles für den, der Geld hat. Und da es in einem guten Hotel ab und zu eine deutsche Zeitung zu lesen gab, fuhr ich abends noch schnell los, um mich über Neuigkeiten zu informieren. Damit man nicht völlig »verbuscht«.

Kaum war ich wieder aus der Einfahrt gerauscht, sah ich schon, was auf mich zukam. Eine Kelle ging hoch und ein Polizist ließ mich auf die Seite fahren. Das hatte mir gerade noch gefehlt. Es war schon acht Uhr abends und Susanne wartete sicher auf mich. Das konnte jetzt alles dauern. Diese Gesellen hatte ich gefressen.

Die Tür ging auf und aufdringlicher Schnapsgeruch zog zusammen mit einem Polizisten auf dem Beifahrersitz ein. »Let's go (lass uns wegfahren)«, kommandierte er los. Ich dachte gar nicht daran und fragte ihn, was er wollte. Mit so viel Frechheit hatte er nicht gerechnet. Er plusterte sich mit seiner ganzen Autorität auf, rückte die überdimensionale Polizeimütze zurecht und wollte nun alle Papiere sehen. Lässig gab ich ihm alles in die Hand. Er blätterte sie gründlich durch. Oder dauerte alles nur so lange, weil billiger Fusel in seinen Gehirnwindungen kreiste? Er wendete alles hin und her und suchte offensichtlich nach einem Fehler. Triumphierend hielt er mir nach einiger Zeit meinen Führerschein vor die Nase. »Nicht verlängert! Abgelaufen! Und das schon seit vier Monaten! Sehr ernst, die Sache! Ich muss dich leider vor Gericht bringen! Das kostet dich ein Vermögen! Es tut mir schrecklich Leid, aber das ist das Gesetz!«

Dabei rollte er aufgebracht mit seinen Augen und sah mich in seinem Rausch vermutlich schon am Galgen hängen.

Nun wurde mir aber doch ein wenig mulmig. Ich prüfte alles genau und stellte fest, dass er Recht hatte. Jetzt hieß es, kühlen Kopf bewahren und abwarten. Dazu muss man wissen, dass Polizisten in Ghana wie viele Staatsangestellte sehr schlecht bezahlt werden. Deshalb versuchen sie, überall Schmiergeld zu ergattern. Oft kommt das Gehalt erst Monate später an und es reicht so oder so schon kaum zum Überleben. Und wenn man dann die Schulgebühren für die Kinder nicht mehr bezahlen kann, das Essen immer knapper wird und man dazu noch Macht hat, die leicht missbraucht werden kann, steht wohl jeder in der Gefahr, dies für sich auszunützen.

So bin ich recht barmherzig mit ihnen geworden, obwohl sie mich trotzdem ärgern. An jeder Stadtgrenze halten sie die Taxifahrer an und die Hände für Schmiergeld auf. Sie wissen, dass gerne bezahlt wird, denn viele Taxis werden nur noch vom Schmiergeld zusammengehalten. Da man sich die Tüv-Plakette auf dem gleichen Weg holt, fahren die urigsten Karossen herum. Zum Glück halten die Polizisten sich bei Weißen eher zurück, weil diese oft über gute Beziehungen verfügen. Aber manchmal versuchen sie es doch, wie in meinem Fall.

Und damit zurück zu John. So hieß mein Polizist nämlich. Das hatte ich immerhin schon erfahren.

Er riss sich zusammen und listete nochmals meine Vergehen auf: »Fahren ohne gültige Fahrerlaubnis, und das über Monate hinweg. Ein ernstes Vergehen gegen den Staat. Das bedeutet ein Gerichtsverfahren. Vermutlich bis zu 500 DM Strafe. Und viel Rennerei, Ärger und Probleme.« Das wollte ich ja sicher vermeiden ... Da ich etwas Zeit zum Überlegen hatte, nahm ich allen Mut zusammen und startete zum Gegenangriff. Ich wusste ja schon, auf was er letztlich herauswollte: »O.K., lass uns fahren. Wenn ich etwas falsch gemacht habe, will ich auch dafür geradestehen. Das gehört sich so. Fahren wir zur Polizeistation.« Er schaute mich mit großen Augen an. Hatte er richtig gehört? Ich wollte aufs Amt fahren?

»Nein, nein. Das geht nicht.« Das sei viel zu ernst für mich. Bei so einem »Verbrechen« riskiere man viel zu viel. Ich käme in große Schwierigkeiten. Ich fühlte mich nun schon etwas sicherer und konterte: »Das macht mir nichts. Ich bin Presbyterianer und als Christ stehe ich für meine Fehler ein.«

Also, er könnte sich da einen Ausweg für mich denken. »Sagen wir 20 DM und die Sache ist vergessen.« Nun hatte er also die Katze aus dem Sack gelassen und darauf hatte ich nur gewartet.

»Mein lieber Freund«, spulte ich nun hocherfreut wie immer in solchen Fällen herunter. »Was du da gerade gesagt hast, ist sehr ernst. Denn wenn wir jetzt gleich gemeinsam zur Polizeistation fahren, muss ich leider deinem Chef erzählen, dass du mich zur Bestechung überreden wolltest. Und das wollen wir doch sicher nicht. Das könnte nämlich für dich sehr ernst werden.«

John schaute mich an wie einen Marsmenschen. Wen hatte er sich denn da eingehandelt. Die meisten Weißen zahlten doch schnell und rauschten dann davon. In ihm arbeitete es nun fieberhaft, allerdings offensichtlich etwas langsam. Was auf seinen Alkoholspiegel zurückzuführen war. Er wusste, dass ihm die Kündigung drohte, wenn das bekannt wurde. Außerdem war er betrunken im Dienst und damit wäre er seinen Job sicher los. So fiel ihm nichts Besseres ein, als die ganze Litanei noch einmal von vorne zu beginnen. Er wollte offensichtlich Zeit gewinnen. Alle meine Sünden wurden aufgelistet und die Schwere meines Vergehens drastisch vor Augen geführt. Er sprach bei meinem Vergehen immer von einer »Beleidigung des Staates«. Es klang irgendwie wie ein letzter Verzweiflungsangriff. Vermutlich ahnte er aber schon, dass bei so einem komischen Vogel wie mir nicht viel zu holen war, und so endete seine Anklage in einer etwas kläglichen Bitte, ihm doch etwas zu geben.

Wäre ich kein Christ gewesen, hätte ich ihm jetzt den Todesstoß versetzt. Aber ich wollte nicht, dass er sein Gesicht vollständig verlor. Das war nämlich für Ghanaer schlimm. Ich musste ihm also etwas anbieten, damit er nicht mit leeren Händen davonziehen musste. Des Sieges schon gewiss schaltete ich meine Stimme auf den religiösen Gang um und antwortete versöhnlich: »Mein lieber Bruder John. Natürlich werde ich dir helfen. Du bist wie ich Presbyterianer und ein Christ. Und deshalb werde ich jetzt für dich um den Segen Gottes beten. Das ist schließlich mehr als Geld.«

Und ehe er etwas antworten konnte, legte ich ihm die Hand auf die Schulter und forderte ihn in entschlossenerem Ton auf, die Augen zu schließen. John klappte Mund und Augen zu und wusste nicht, wie ihm geschah. Ich betete um Gottes Schutz und Weisheit für ihn und darum, dass er seine Aufgaben von Tag zu Tag besser versehen konnte, auch dass er ein treuer Diener und Vorbild für andere war. Und obwohl ich mich beherrschen musste, damit ich in dieser etwas kuriosen Situation nicht loslachte, meinte ich es ernst. Als er die Augen öffnete, schaut er mich wie ein weidwundes Reh an. Sie sagten so viel wie: ›Was geht hier vor? Ich war doch derjenige, welcher hier Forderungen stellt. Wer bist du?‹

Ich drückte ihm noch ein Traktat in die Hand und verabschiedete mich freundlich, aber bestimmt. Er hatte von mir wohl nun auch genug und verschwand leicht schwankend im Dunkeln.

Zwei Tage später löste ich mein Versprechen ein, das ich vor John hoch und heilig abgelegt hatte: Ich ließ meinen Führerschein verlängern.

DON'T GIVE UP!
YOUR MIRACLE IS ON THE WAY

»Woher kommt mir Hilfe?«

Zitternd hielt Susanne unsere kleine Anne in ihren Armen. Weißer Schaum lief ihr aus dem Mund und ihre Augen verdrehten sich, bis fast nur noch das Weiße vom Auge zu sehen war. Sie war nicht ansprechbar und ihr Herz raste. Was war geschehen?

Es war acht Uhr abends und ich saß gerade im Plenum bei einer Pfarrertagung unseres Zentrums. Die Tagung hatte gerade begonnen, als man mich rief, sofort ins Haus zu kommen. Anne hatte einen Fieberkrampf.

Wir wussten, dass sie dazu neigte, bei Fieber gelegentlich solche Anfälle zu haben. Ärzte hatten uns in Deutschland mit entsprechender Medizin eingedeckt. Wir wussten auch, dass diese Krämpfe schlimmer aussehen, als sie wirklich sind. Sie gehen nach einigen wenigen Minuten wieder zurück, nachdem man die Medizin verabreicht hat. Diesmal war es aber nicht so. Wir beteten und segneten unsere Tochter, wir weinten und lagen förmlich auf den Knien. Aber es wurde nicht besser. So schnappten wir unsere Kleine und rasten in ein nahe gelegenes Krankenhaus. Wir fuhren direkt zum Haus eines Arztes, der es sich gerade vor dem Fernseher gemütlich gemacht hatte. Als wir mit unserer Tochter auf dem Arm vor ihm standen, blinzelte er uns von der Seite an und überlegte, was zu tun sei. »Nun, dann gehn wir wohl besser auf die Station.« Sprach's und verschwand für einige Minuten, um sich umzuziehen. Ich war fassungslos und in meine Verzweiflung mischte sich langsam Wut. Auf der Station legte man sie in ein Bettchen und schickte eine Schwester los, eine Spritze für ein Kleinkind zu holen, damit sie an den Tropf gelegt werden könne. Während die Schwester losschlurfte, standen alle um unser Bettchen und wunderten sich über unsere Aufgeregtheit. »It will be o.k. (es wird schon wieder)«, war ihre Standardantwort.

Anne war immer noch nicht klar bei Sinnen und es das nun schon länger als eine halbe Stunde. Wirre Gedanken gingen mir durch den Kopf. Sieht so das Ende aus? Bekommt man nicht irreparable Hirnschäden, wenn ein Krampf länger als wenige Minuten geht? Ist die Versorgung mit Sauerstoff gewährleistet? Wäre es vielleicht nicht sogar besser, wenn Gott unsere Tochter zu sich nimmt, anstatt uns ein schwer behindertes Kind zu überlassen? Alles flog wirr durch meinen Kopf. Meine Beine zitterten und mir war übel. Tränen standen mir in den Augen. Es gab keinen Zweifel, diesmal stand es ernst um Anne.

Da öffnete sie den Mund und fing hysterisch einige Lieder in der Twi-Sprache, die bei uns gesprochen wird, zu singen. Es war schrecklich. Sie sang, als hätte sie die Stimme eines betrunkenen alten Mannes geliehen. Irgendetwas konnte nicht stimmen. Die Schwester, die die Spritze holen sollte, war verschwunden und Tränen liefen aus Susannes

Augen. »Was sollen wir nur tun?«, las ich auf ihren Lippen.

Das restliche Personal hatte sich um Annes Bettchen versammelt und hörte ihrem Gesang zu. Sie fingen an zu lachen und tanzten um ihr Bett herum. »Sie spricht ja Twi, wie kommt denn das? Oh wonderful, praise the Lord«. Mir war jedenfalls nicht danach zu Mute. Fast wäre ich auf sie losgegangen. Spielte man hier mit uns? Nach zehn Minuten kam die Schwester von ihrem Rundgang zurück und verkündete gelangweilt: »Es gibt keine Spritzen für Kinder im Krankenhaus.« Bevor der Arzt nun seinen Vorschlag, Annes Arm mit einer großen Nadel zu traktieren, in die Tat umsetzte, schnappte ich meine Tochter und rannte mit Susanne aus dem Krankenhaus. Das war ja ein Horror! Nichts wie raus hier.

Es blieb uns nichts anderes übrig, als in die Hauptstadt Accra zu fahren. Dort gab es Privatkrankenhäuser mit gut ausgebildeten Ärzten und entsprechender Ausrüstung. Aber das war eineinhalb Stunden entfernt. Susanne legte Anne auf ihren Schoß und ich raste los. Es war stockdunkle Nacht und da es gerade Regenzeit war, hatte es dicken Nebel. Wir konnten nicht reden. Jeder war mit sich selbst beschäftigt. War das alles ein Alptraum oder Wirklichkeit? Wir hatten doch von zwei unterschiedlichen Leuten ein sehr Mut machendes Wort aus der Bibel mitbekommen: »Ich hebe meine Augen auf zu den Bergen. Woher kommt mir Hilfe? Meine Hilfe kommt von dem Herrn, der Himmel und Erde gemacht hat. Er wird deinen Fuß nicht gleiten lassen und der dich behütet schläft nicht.«

Galt das nun nicht mehr? Plötzlich meinte Susanne: »Du, ich glaube, sie beruhigt sich etwas. Ihr Herz geht langsamer und sie scheint einzuschlafen.« Und tatsächlich, sie atmete nun ruhiger und bald darauf schlief sie ein.

Irgendwie schafften wir es in eine Privatklinik. Es war nun schon nach zehn Uhr nachts, aber Schwestern und ein Arzt kümmerten sich gleich um alles. Eine gründliche Untersuchung wurde vorgenommen, beruhigende Medizin verabreicht und ein Tropf gelegt. Wahrscheinlich hätten wir das auch gebraucht.

Liebevoll nahm man sich der besorgten Eltern an. »Ihre Frau kann bei uns hier über Nacht bleiben und morgen sehen wir weiter. Es ist nicht so schlimm, wie es aussieht.« Das klang schon ein wenig vertrauenswürdiger als in unserem Landkrankenhaus.

Letzteres war einmal ein hervorragendes Krankenhaus gewesen, nun aber war es schrecklich heruntergekommen. Seit Jahren wurde renoviert, doch es ging nur langsam voran. Es gab kein fließendes Wasser, vor dem Operationsraum stand ein großes Fass mit Wasser. Die Stationen waren in einem erbarmungswürdigen Zustand und es war zu empfehlen, nicht krank zu werden. Es fehlte an Medizin und das Labor stand still. Wenigstens gab es gleich ein Leichenhaus nebenan.

Bei dänischen Freunden fand ich mitten in der Nacht Unterschlupf. Er war Kinderarzt und ihm konnte ich alles schildern. »Ich nehme sie gleich morgen früh mit in unsere Kinderstation und dann können wir auch ein EEG machen, um die Gehirnströme zu untersuchen.« Er arbeitete im größten Krankenhaus des Landes, das über teilweise gute Ausstattung und moderne Geräte verfügte. Es hatte zwar bei einigen Ghanaern den Spitznamen »Friedhof« bekommen und es konnte schon vorkommen, dass ein Patient auf dem OP-Tisch verstarb, weil plötzlich Stromausfall war und der Generator kaputt war. Ansonsten war es aber ganz in Ordnung.

Als ich am nächsten Morgen meine zwei Frauen besuchte, saß Anne ganz vergnügt auf ihrem Bettchen und ließ sich nichts anmerken. Als wäre alles spurlos an ihr vorbeigegangen, plapperte sie vor sich hin und schien normal zu sein. Wir schauten uns nur stumm an. Alle nachfolgenden Untersuchungen verliefen positiv und es zeigte sich, dass sie keinerlei Schäden davongetragen hatte. Auch von den darauf folgenden drei Fieberkrämpfen, die sie in Ghana noch bekam, blieb nichts zurück.

So hängt der Vers aus Psalm 121 immer noch in meinem Büro und gelegentlich erinnere ich mich an die schrecklichen Stunden in der Nacht. Und es fällt mir heute leichter, diesem Vers zu glauben.

Pfarrer Anim ist tot

Die Nachricht erreichte uns einige Tage nach dem Beschluss, ihn einmal wieder zu besuchen. Susanne meinte, es sei nun schon lange her, dass wir ihn gesehen hätten, und ein Besuch wäre nicht schlecht. Außerdem hätte sie seit längerem Magenschmerzen und er könne ja für sie beten. Reverend Anim war nämlich der erste und einzige offizielle Heilungspfarrer der Presbyterianischen Kirche von Ghana.

Wir lernten diesen ruhigen und bescheidenen älteren Mann auf einer Tagung kennen. Er saß immer recht unscheinbar unter den Teilnehmern. Doch ihr hättet ihn mal im Gottesdienst erleben sollen. Da war vielleicht was los!

Auf seine Einladung waren wir vor zwei Jahren einmal zu einem seiner Heilungsgottesdienste gefahren. Jeden Freitagmorgen versammelten sich neben seiner alten Steinkirche etwa eintausend Männer und Frauen zum fünfstündigen Gottesdienst. Das Städtchen Nsawam, das er zusammen mit 17 anderen Gemeinden im Umkreis betreute, lag in einem wunderschönen Tal, in dem sich allerdings die Hitze unbarmherzig staute. Und da seine Kirche für diese speziellen Gottesdienste längst viel zu klein geworden war, hatte er eine »healing hall« (eine Heilungshalle) gleich daneben gebaut. Mit einem großen Blechdach oben drauf.

Wir wurden schon erwartet. Als kämen wir vom Fernsehen, wurden wir an unserem Auto abgeholt und mit einer Delegation in sein Büro geführt. Zu allem Unglück wurden wir von einem Kameramann mit einer riesigen Videokamera auf Schritt und Tritt verfolgt, was einem in Ghana als Weißer schon mal passieren kann. Ihm entging nichts und er blieb standhaft an unserer Seite. Das konnte heiter werden. Herzlich wurden wir empfangen. In seiner kleinen Sakristei sprach Pfarrer Anim gerade seelsorgerlich mit einigen Kranken. Die Tür ging immer wieder auf und zu, und ohrenbetäubender Lärm drang zu uns vom Gottesdienstraum, wo die Versammlung schon begonnen hatte. Es wurde gesungen, getanzt und getrommelt.

Pfarrer Anim hatte einen weißen Bart und weiße Haare und ich schätzte ihn auf Ende sechzig. Sein weißer Pfarrerkragen blitzte unter einem schwarzen Talar durch und alleine der Gedanke an einen Talar ließ mir den Schweiß ausbrechen.

Und dann erzählte er uns die Geschichte, wie er zum »Heiler« wurde.

Es war vor etlichen Jahren, als seine Frau unheilbar erkrankte. Sie musste eine salzlose Diät einhalten. Trotzdem verschlechterte sich ihr Zustand von Woche zu Woche. Alle Ärzte waren konsultiert worden, aber es bestand wenig Hoffnung. Da redete Gott eines Nachts sehr klar zu Pfarrer Anim. »Gib ihr ein Glas Salzwasser zu trinken und heile du sie in meinem Namen.« »Das kann unmöglich sein«, dachte Pfarrer Anim bei sich. »Das bringt sie um.« Er besprach sich mit anderen Pfarrern und natürlich mit seiner Frau. Schließlich entschlossen sie sich zu diesem Schritt, und nachdem seine Frau das Salzwasser getrunken hatte, war sie auf der Stelle gesund. »Das klingt unglaublich, aber es war so. Die Ärzte haben es bestätigt«, meinte Pfarrer Anim. Und dann lachte er. »Ich weiß, ihr Europäer habt da oft Zweifel, aber selbst unsere Ärzte glauben, dass Gott Wunder tun kann.«

Für ihn war die Sache damit erledigt und er ging wieder seiner normalen Gemeindearbeit nach. Mit 17 Gemeinden hat man ja schließlich genug zu tun.

Eines Tages, es war einige Jahre später, hörte er wieder Gott deutlich zu sich sprechen. »Ich habe das nicht nur für deine Frau getan. Geh hin und heile andere Menschen. Du bist dazu von mir begabt.«

Etwas zögernd gehorchte er und versuchte es, indem er für Kranke betete. Immer wieder griff Gott ein und sie wurden tatsächlich gesund. Im Studium der Bibel stieß er auf eine Stelle im 2. Brief an die Könige, im 2. Kapitel. Dort ist die Rede von ungenießbarem Wasser, das krank machte. Der Prophet Elisa nahm eine Schale mit Salz streute es in das Wasser und sprach, dass das Wasser im Namen Gottes wieder gesund sein solle. Und so war es dann auch. Pfarrer Anim erkannte für sich eine Parallele, da er ja seine Frau mit Salzwasser geheilt hatte. Diese eine Stelle ließ ihn nicht mehr los. Und so probierte er es einfach aus. Er gab Patienten Salzwasser zu trinken, besprengte sie siebenmal damit oder ließ sie sich in Salzwasser baden. Immer wieder berichteten sie danach von Heilungen.

Dies konnte natürlich nicht verborgen bleiben und immer mehr Menschen zog es zu Pfarrer Anim. In der Kirche wurde man langsam hellhörig und schickte Leute, um die ganze Sache zu überprüfen. Da man nichts Schlechtes in seinen Heilungen entdecken konnte, beauftragte man ihn offiziell zum Heilungsdienst in der Presbyterianischen Kirche von Ghana.

So baute er sich im Lauf der Zeit eine »Heilungshalle«, die mehr als tausend Menschen fassen kann. Und jeden Freitag ab neun Uhr strömen die Massen und der Raum füllt sich. Wir waren auf jeden Fall gespannt. Etwas komisch kam uns das Ganze schon vor. Besonders das mit dem Salzwasser, war das normal? Doch Pfarrer Anims gütiges Lächeln war einfach überzeugend. Er stand auf, nahm seinen Stock, auf den er sich stützte, und ging resoluten Schrittes in Richtung Vorplatz. »Übrigens, Leute mit Wurmkrankheiten oder anderen Kleinigkeiten, die bei uns in Ghana so üblich sind, die schicke ich ins nächste Krankenhaus«, meinte er im Weitergehen. Auch seine Krücke war nach seinem Verständnis kein Widerspruch. Er sei halt älter und da muss man so etwas akzeptieren. Er gefiel mir immer besser. Irgendwie war er herrlich unverkrampft.

Auf dem Vorplatz herrschten Zustände wie in Lourdes. Händler hatten sich breit gemacht und verkauften kleine Gerichte und Süßigkeiten. Kitschige Kreuze und Jesusbilder von einem blonden Jüngling, den es nie gab, waren zu erwerben. Und inmitten dieser Menschenmassen stand Pfarrer Anim mit seinem Talar und einem schwingenden Krückstock. Er hatte sich eine lila Schärpe umgelegt und eine gewaltige Pfarrermütze aufgesetzt, was die Leute offensichtlich sehr beeindruckte. Irgendwie sah er aus wie eine Mischung aus Don Camillo und dem Papst persönlich.

Er betete für Kranke und legte ihnen die Hände auf. Er segnete Wasser und gab unterschiedliche Aufträge, wie damit umzugehen sei. Immer wieder blickte er zum Himmel und betete laut, dass Gott eingreifen möge. Das wurde mit einem kräftigen »In Jesu' Namen, halleluja!« abgeschlossen. Und dann sahen wir es tatsächlich mit eigenen Augen. Eine Frau wurde humpelnd auf einem Fuß zu ihm gebracht. Er bat sie, fest aufzutreten, aber das schien unmöglich. Er betete für sie, legte ihr die Hände auf und rief laut: »Sei gesund!« Dann gab er ihr die Anweisung, vor allen Zuschauern fest mit beiden Beinen aufzutreten. Ihr hättet sie springen sehen sollen! Es war ein unglaubliches Bild. Die Frau konnte es selbst kaum fassen. Alles klatschte und lobte Gott.

»Jetzt wird es aber Zeit für den Gottesdienst«, meinte er sichtlich zufrieden. Und mit ihm und dem Kameramann im Schlepptau, zwängte er sich vorbei an Hunderten von wartenden Menschen außerhalb der Kirche in den Gottesdienstraum. »Glory be to God in the highest« – »Ehre sei Gott in der Höhe« wurde gerade gesungen. Ein Jubel ging durch die Menge. Pfarrer Anim war da!

Alles schwenkte Taschentücher mit einer Hand hoch in die Luft und der Trommler legte noch einen

Takt zu. Eine Vorsängerin schien geradezu abzuheben, so röhrte sie ins völlig übersteuerte Mikrofon. Auf ihrem T-Shirt stand in großen Buchstaben um ein Bild von Pfarrer Anim geschrieben: Reverend Anim, Seher und Heiler, zehn Jahre Heilungsjubiläum. 1982–1992. Das war mir dann doch entschieden zu dick aufgetragen.

Auf Befehl wurde es sofort still. Pfarrer Anim nahm das Mikrophon und begann mit der Predigt. Das Vorprogramm hatten seine »Einheizer« schon erledigt. Er machte deutlich, dass es nicht auf ihn selbst ankäme. Nur Jesus Christus, der Sohn Gottes, kann heilen. Er, Anim, könne gar nichts tun. Aber man muss auch glauben und sich zu Gott bekennen. Sonst gehe auch nicht viel.

Er rief dann Gruppen mit Problemen auf, nach vorne zu kommen: Alkoholiker, zwanghafte Raucher und so weiter. Für alle betete er und besprengte sie reichlich mit Salzwasser. Im Übereifer drehte er sich um und wir bekamen auch noch eine ganze Ladung ab.

Plötzlich entstand in einer der vordersten Reihen eine Unruhe. Drei Frauen tobten wie wild. Man machte schnell Platz und brachte sie nach vorne. Anim zwinkerte uns zu. »Das sind Fetischpriesterinnen, die noch an ihren alten Götzen hängen.« Sie warfen sich vor ihm auf den Boden und zischten wie Schlangen vor unseren Füßen herum. Mir wurde immer mulmiger. Wo waren wir da nur hingeraten? Mit einem Holzkreuz ging er drohend auf die Frauen zu: »Im Namen Jesu, fahr aus, du Teufel!« Das wiederholte er immer wieder recht laut und resolut. Da schien er keinen Spaß zu verstehen. Mit einem großen Eimer Salzwasser machte er einen Kreis um die Frauen, betete wieder und besprengte sie. Und das Erstaunliche geschah. Die Frauen wurden immer ruhiger. Ihre verzerrten Gesichter wurden wieder normal, ihre Bewegungen entkrampften sich. Zur weiteren seelsorgerlichen Betreuung wurde mit ihnen noch ein Termin verabredet und Ordner brachten sie zurück an ihre Plätze.

Danach ließ sich Pfarrer Anim auf seinen Platz neben mir fallen, während wieder Loblieder gesungen wurden. »Nachher gehen wir noch zu mir, ihr seid eingeladen. Was trinkst du lieber, Coke oder Bier?«, fragte er mich. Etwas verlegen entschied ich mich für Coke. »Du brauchst keine Angst zu haben. Ich bin nicht so streng wie viele anderen Frommen in Ghana. Ab und zu ein Bier schadet nichts.« Da war ich als Deutscher ja gerettet.

Während der Gottesdienst noch ein bis zwei Stunden weiterging, verließen wir das Geschehen und wurden köstlich im Pfarrhaus bewirtet. Ghanaische Gastfreundschaft ist wirklich kaum zu überbieten. Wir unterhielten uns noch lange und intensiv über die Hintergründe seiner Heilungen. Wir waren tief beeindruckt von diesem schlichten und demütigen Menschen. Sicher, vieles war uns fremd und auch etwas unerklärlich. Aber wir hatten mittlerweile gelernt, dass Gott mehr Wege hat, als wir Mitteleuropäer uns vorstellen können. Und dass er in Afrika anders wirken kann als in Amerika oder Deutschland.

Und nun machte uns sein überraschender Tod irgendwie traurig. Er hatte einen Schlaganfall bekommen, der sein Sprachzentrum lahm legte. Für drei Wochen lag er im Krankenhaus. Das war für ihn nie ein Widerspruch gewesen, denn nach seiner Ansicht ihm »gehören der Arzt und seine Medizin und der Heiland Jesus zusammen«. Kurz vor seinem Tod konnte er plötzlich wieder sprechen und rief seine Familie zu sich. Er gab ihnen einige Anweisungen, die in dem Satz an seine Frau gipfelten: »Ich gehe jetzt.« »Wo gehst du hin«, rief sie verzweifelt. Aber er legte nur seinen Kopf auf die Seite und starb.

Die ganze Kirche trauerte um ihn. Überall wurde davon gesprochen. Und um der Trauer einen angemessenen Ausdruck zu verleihen, wurde eine entsprechende Beerdigung in seiner Heimatstadt abgehalten. Wenn in Ghana zur Beerdigung gerufen wird, muss man alles stehen und liegen lassen und gehen. Und das taten auch wir.

Wir luden noch den Prälaten und zwei andere Pfarrer mit Frauen aus unserem Bezirk ein und erreichten nach zwei Stunden das kleine Städtchen in den Bergen. Es war, als hätte sich die ganze Kirche auf den Weg gemacht. Ungefähr hundert Pfarrer und sicher weit über zweitausend Gemeindeglieder waren angereist, teilweise von weit her.

Im Gottesdienstraum war Pfarrer Anim aufgebahrt und wir konnten Abschied nehmen. Alle waren sehr ernst, viele Frauen weinten und der Gottesdienst war sehr feierlich. Die ganze Kirchenleitung aus Accra war da. Inmitten eines Meeres von schwarzen Talaren, von Würdenträgern mit Samt und Seide, stand plötzlich eine einfache Frau mit einem Krückstock auf und schleppte sich an den Altar. Unter Tränen griff sie nach dem Mikrofon: »Ich habe gehört, dass der Heiler gestorben ist. Da bin ich hergekommen, um zu sagen, dass ich vor vielen Jahren nur auf allen vieren auf dem Boden krabbeln konnte, so verkrüppelt war ich. Er hat für mich gebetet und jetzt kann ich wenigstens laufen. Ich habe nicht viel Geld, nur 200 Cedis (20 Pfennig) und ein Taschentuch. Das möchte ich gerne aus Dankbarkeit spenden für das, was Gott durch diesen Mann getan hat.«

Nun gab es kein Halten mehr. Alles schluchzte los, selbst der Kirchenpräsident biss sich unter Tränen auf die Knöchel, um nicht ganz die Fassung zu verlieren. Gestandene Pfarrer weinten einfach los. Wir auch. Jetzt erst war deutlich geworden, was wir mit ihm verloren hatten. Später, nachdem wir ihn in der roten Erde Begoros zur Ruhe gebettet hatten, verwandelte sich das Treffen wieder in eine Art Volksfest. Auch das ist ghanaisch. Man weint und lacht zusammen, man erzählt sich, wie es der Familie geht, und bespricht schnell noch Neuigkeiten. Es wurde gegessen und getrunken, gelacht und auch getanzt. Chöre zogen über den Freiplatz vor der Kirche und sangen ihre Lieder. Mit gefiel die ungezwungene und natürliche Art, wie die Menschen hier mit dem Tod umgingen. Sowohl mit Respekt, Trauer und Würde als auch mit einer gewissen Gelassenheit und dem Wissen um ein Wiedersehen. Und ich spürte wieder einmal, dass wir hier ein Stück Heimat gefunden hatten.

Beim Chief in Dormaa

Unsere Missionsgesellschaft hatte mir die Erlaubnis gegeben, neben der Schulungsarbeit und der Arbeit mit jungen Leuten ein Magisterstudium anzufangen. Mein Thema beschäftigte sich mit dem Verhältnis zwischen der Presbyterianischen Kirche und der traditionellen Religion in Ghana. So kam es dazu, dass ich etliche Chiefs interviewen musste und das war immer ein Erlebnis.

In Ghana herrscht ein Paramountchief über ein relativ großes Königreich, das schon einmal mehrere hunderttausend Menschen umfassen kann. In seinem Gebiet gibt es für jedes Dorf einen Chief und etliche Subchiefs, von denen jeder eine wichtige Rolle erfüllt. Es gibt freilich auch kleine Königreiche, aber auf jeden Fall unendlich viele Chiefs. So ein König ist eine würdevolle Person. Er lebt in einem Palast, hat traditionell viele Frauen und redet zu gewöhnlichen Menschen wie mir nur durch einen Sprecher, den Linguisten. Dieser trägt einen goldenen Stab vor dem Chief her, auf dem das Wahrzeichen des Chiefs angebracht ist: ein Löwe, ein Elefant, ein Adler oder auch eine Hand, die nach oben, zum Himmel, zeigt. Neuerdings gibt es sogar auf manchen Stäben eine Bibel, aber das ist sicher die Ausnahme. Denn sehr christlich sind die meisten

Chiefs nicht, auch wenn sie heute manchmal zu einer Kirche gehören.

Der Chief verlässt seinen Palast, der mitunter auch eine etwas schäbige Ansammlung von Hütten mit rostigen Dächern sein kann, nur in Begleitung. Dabei geht der Sprecher vor ihm mit seinem Wahrzeichen. Neben ihm geht ein Mann, der einen großen stoffbezogenen Schirm über dem Kopf des Chiefs trägt und hinter ihm geht ebenfalls ein Untertan aus dem Palast. Ist der Chief etwa auf dem Weg zu einer Versammlung im Dorf, so kommt noch eine Person hinzu, die einen geschnitzten »stool« trägt mit einem Samtkissen drauf. Denn sitzen darf ein König nicht irgendwo, sondern nur auf einem königlichen Sitz.

Im äußersten Westen des Landes lebt in der Stadt Dormaa seit rund 50 Jahren ein König, der im ganzen Land sehr angesehen ist. Er regiert über ein großes Gebiet, besitzt einen prächtigen Palast und hat in Oxford ein Hochschulstudium mit Doktortitel absolviert. Außerdem, und deshalb war er für mich besonders interessant, ist er bekennender Christ seit seiner Jugend. So arrangierte ich über einen Mitarbeiter unserer Mission einen Termin und machte mich mit öffentlichen Verkehrsmitteln auf die zwölfstündige Reise.

Ausgerechnet an diesem Morgen ging in der Hauptstadt Accra ein unglaublicher Regenguss nieder, der die Wege fast unpassierbar machte. Die Abflüsse waren gleich verstopft und die Straßen verwandelten sich in Flüsse, in denen immer wieder Menschen ertrinken können. So schwammen der

Fahrer und ich mehr zur Busstation, als dass wir fuhren. Dort verzögerte sich natürlich auch alles und wir fuhren erst zwei Stunden später als geplant los. Es herrscht auf solchen Busplätzen immer ein lebhaftes Durcheinander. Menschenmassen verschwinden hinter Bergen von Gepäck. Kinder schlafen irgendwo auf den Bänken. Händler versuchen, den Reisenden noch schnell ein paar Kekse oder Taschentücher anzudrehen, und gelegentlich bietet ein Straßenprediger seine selbst gebastelten Lehren für eine kleine Spende an. Zum Glück dürfen in den Bussen der staatlichen Transportgesellschaft keine Tiere mitgenommen werden, denn das hatte ich nie so gerne. Die Ziegen oder Schafe, die aufs Dach gebunden wurden, störten mich dabei weniger als anderes Kleinvieh, das sich neben einem auf dem Schoß des Nachbarn tummelte. Über die Hauptstadt des Ashantikönigreiches Kumasi ging es in Richtung Elfenbeinküste. Man durchfährt eine vormals herrliche Landschaft mit viel Regenwald und üppiger Vegetation. Leider ist heute das meiste Edelholz abgeschlagen und in den Westen verkauft. Ein armes Land wie Ghana hat kaum eine andere Wahl, um die Zinsen für seine Auslandsschulden zu bezahlen. Müde und schmutzig vom Staub der Landstraße kam ich bei meinen Bekannten in Dormaa an. Da freut man sich auf eine Dusche und ein kaltes Bier, wie ich es vorher in Deutschland nie kannte. Und es gab eine freudige Nachricht: Am nächsten Tag hatte ich nachmittags einen Termin im Palast. Wenn man einen Chief besucht, muss man traditionell eine Flasche Schnaps für das Trankopfer für die Ahnen mitbringen. In diesem Fall reichte aber auch ein Geldbetrag, da wir beide, der Chief und ich, es nicht so sehr mit den Ahnen hielten.

Durch die Vorhöfe des Palastes ging ich zum Hauptgebäude. Im Palast lebt nicht nur der Chief, sondern auch seine persönlichen Bediensteten. Früher waren es Palastsklaven. Dazu kommen Büroräume des Gerichtshofes, der zu jedem Palast gehört, offizielle und private Audienzräume, ein Freiplatz für Open-air-Versammlungen und manchmal ein schöner Garten. Nicht zu vergessen der stool-Raum, in dem alle stools der verstorbenen Könige aufbewahrt sind. Dieser Raum ist so etwas wie das Allerheiligste des Palastes, und er darf nur vom Chief und bestimmten Ältesten betreten werden. Dort bringt man Trankopfer und legt geschlachtetes Fleisch zum Essen für die Ahnen aus. Der persönliche Sekretär des Chiefs brachte mich in die private Audienzhalle des Chiefs von Dormaa, was eine große Ehre war. Auf vielen Türen waren fromme Aufkleber angebracht: »Das Blut Jesu reinigt dich von aller Sünde«, oder »Kehr um und glaube!« Auf jedem Sessel lag ein Tuch mit einem Jesusbild.

Mit einem inneren ›hier bin ich richtig‹ ließ ich mich auf einen riesigen Ohrensessel plumpsen und harrte der Dinge, die da kommen. Ein Subchief, der als Linguist auftrat, hatte auch Platz genommen. So warteten wir zusammen auf die Audienz. Da gingen die Türen auf und noch ehe ich mich ordentlich aufgerichtet hatte, trat Nana Oseagyefo Oseadeeyo Dr. Agyeman Boadu, Paramountchief von Dormaa-Ahenkro, mit würdigen Schritten ein. Er ist ein Mann Anfang siebzig und die zunehmende Fülle unter seiner kunstvoll geschwungenen Toga unterstrich seine Würde. An seinen Füßen trug er lederne Sandalen mit Gold und Silberverzierungen, auf denen jeweils ein orangenes Flaumbällchen tanzte. Ich dachte bei mir, das gäbe sicher die Attraktion beim nächsten Karneval.

Nachdem er auf einem Sofa Platz genommen hatte und seine Füße auf einem ledernen Kissen ruhten, richtete der Linguist meine Botschaft aus: »Wir sind gekommen und haben einen Gast mitgebracht. Er möchte dir einige Fragen stellen und bittet dich um Audienz.«

Ich antwortete dem Linguisten: »Vielen Dank für die freundliche Aufnahme und das Vorrecht, dass Nana seine wichtige Zeit mit mir zu teilen versprochen hat.« Dann nahmen wir Platz und es wurde Kuchen, Bier, Coca-Cola, Whisky und Schnaps aufgetischt. Das ist in Ghana so üblich, dass ein Chief Gäste reichlich bewirtet. Man will ja schließlich zeigen, was man hat. Glücklicherweise erlaubte mir Nana, direkt mit ihm und nicht über den Sprecher zu reden. So erklärte ich ihm ausführlich den Grund meiner Reise und nannte ihm einige Fragen. Er holte aus und erzählte mir seine Lebensgeschichte.

Als er ein Schüler war, war sein Onkel Chief von Dormaa. Er hatte viele Frauen und lebte als traditioneller Herrscher wie alle anderen Chiefs. Er wurde vom großen Bruder des jetzigen Chiefs abgelöst, der aber starb. Nun trat man an ihn heran: »Du bist Nachkomme von Nana und sollst somit unser Chief werden.« Nana Boadu war zu der Zeit ein junger Lehrer. Er hatte eine Eliteschule in Accra besucht und liebäugelte mit einer Karriere. Außerdem war er ein eifriger Christ der Presbyterianischen Kirche und sang im Kirchenchor mit. Er lehnte ab. »Ich bin Christ und will Kirchenmitglied bleiben. Meine Kirche erlaubt mir nicht, Chief zu werden, da heidnische Bräuche mit meinem Amt verbunden sind.«

Die Ältesten drangen in ihn und bestanden auf seiner Annahme. Nun ging er in die Offensive und stellte herausfordernde Bedingungen:

»Wenn ihr wollt, dass ich euer Chief werde, dann nur, wenn ihr auf meine Wünsche eingeht. Erstens werde ich kein Trankopfer bringen. Wenn das die Ältesten machen wollen, steht ihnen das frei, ich für meinen Teil lehne das ab. Zweitens werde ich nur eine Frau heiraten, die ich liebe, und nicht viele Frauen nehmen. Drittens werde ich nicht in das stool-Haus gehen und Opfer bringen. Viertens werde ich nicht einmal im Jahr bei Mitternacht an den Fluss gehen, um meinen stool rituell zu reinigen. Wenn ihr das machen wollt, dürft ihr das. Ich brauche diese Dinge alle nicht mehr, da ich direkten Zugang zu Gott durch Jesus Christus habe. Früher glaubten wir ja alle an die Ahnen als Mittler zu Gott und an Bäume, Flüsse, Berge und Steine als Götter, die Botschaften an Gott weiterleiten könnten. Seit ich Jesus kenne, ist das für mich bedeutungslos geworden. Wenn ihr mich trotzdem als euren König wollt, stimme ich zu diesen Bedingungen zu.«

Nun begann ein Tauziehen mit den Ältesten des Königreiches. Sie stimmten im Prinzip zu, bestanden aber darauf, dass er bei den Riten wenigstens anwesend sei. Doch vollziehen müsse er nichts. Dann kam es zum Frauenproblem. Als neuer Chief hätte er zunächst alle Frauen seiner Vorgänger, die noch am Leben waren, heiraten müssen. Dazu hätte ihm ein Chiefshaus am Ort noch einige Frauen ausgesucht. Diese beiden Probleme löste er recht geschickt. »Schaut her, als ich ein Junge war, habe ich den Frauen meiner Vorgänger oft im Haus geholfen. Ich habe ihnen Wasser geholt und das Fufu gestampft. Wie kann ich jetzt ihr Ehemann werden, wo ich früher ihr Gehilfe war.« Das sahen die Männer gleich ein und er bekam die Erlaubnis, diese Frauen freizulassen. Sie wurden in ihre Familien zurückgeschickt. Nun rückte aber das Chiefshaus an, das offiziell für die Frauenzufuhr des Paramountchiefs zuständig war. Sie brachten 30 junge Mädchen, von denen er sich etliche hätte aussuchen dürfen. Da er auf Freiwilligkeit bestand, ließ er sie alle einzeln vortreten und fragte sie, ob sie gerne mit einem Chief verheiratet wären. Alle lehnten entschieden ab und sagten, dass sie furchtbare Angst davor hätten. Dazu muss man wissen, dass früher beim Tod des Chiefs einige seiner Frauen erdrosselt wurden und ihm ins Jenseits als Gehilfinnen mitgegeben wurden. Davor hatten sie natürlich Angst. Während Nana Boadu mir diese Geschichte mit den 30 Frauen erzählte, grinste er zwischen zwei Schluck Bier und meinte nur: »Sie glaubten tatsächlich, denen würde heute noch der Kopf abgehauen, wenn ich sterben würde.«

So konnte er seine Ältesten überzeugen, dass er mit Frauen, die ihn nicht mochten, nicht zusammenleben könne, da sonst immer Streit im Palast wäre. Und da bekam er auch wieder Recht. Später heiratete er dann eine einzige Frau, die wie er Christin war.

Alle Hürden waren jetzt genommen und er wurde zum Chief von Dormaa-Ahenkro ernannt. Dem armen Mann rückte jetzt allerdings die Kirche zu Leibe. Man erklärte ihm, dass er kein Vollmitglied der Kirche mehr sein konnte und vom Abendmahl ausgeschlossen wäre. Eine christliche Beerdigung gäbe es auch nicht mehr, da er an einem heidnischen System teilhaben würde. Das passte ihm gar nicht. Hatte er nicht alles versucht, um als Christ hier seine Verantwortung wahrzunehmen? Bräuchte er nicht vielmehr Rückendeckung von der Kirche? Verärgert fuhr er nach Accra zur Kirchenleitung und platzte in eine Sitzung hinein. Er bestand auf einer gründlichen Prüfung seiner Sache und zog erst wieder ab, als beschlossen wurde, eine Prüfungskommission einzusetzen.

Dies geschah auch und nachdem man nichts Anrüchiges finden konnte, gab sogar die Kirchenleitung ihre Zustimmung. Nun war Nana Boadu Chief und volles Kirchenmitglied. Das gab es bis zu dieser Zeit in ganz Ghana nicht.

Heute hat sich in seinem Königreich vieles verändert. Die Mehrheit der Chiefs sind Christen geworden und haben ihre heidnischen Traditionen fallen lassen. Ein Teil hängt ihnen freilich noch an und Nana Boadu lässt sie gewähren. »Ich kann sie doch nicht zwingen, damit aufzuhören. Diese Einsicht kann ihnen nur von Gott geschenkt werden. Und dafür arbeite und bete ich.«

Nach eineinhalb Stunden angeregter Unterhaltung läutete der Sprecher des Chiefs das Ende der Unterhaltung ein. Alles bis auf den König erhob sich und wir bedankten uns für die gewährte Audienz. Die Hände wurden geschüttelt und wir verließen ehrfürchtig den Thronsaal. Draußen war gerade ein fürchterlicher Tropenschauer niedergegangen und hatte den Weg zum Palast in eine Schlammbahn verwandelt. Und da zeigte man mir mal wieder die typisch ghanaische Gastfreundschaft: Vom Chauffeur des Chiefs wurde ich im nagelneuen Opel mit Ledersitzen nach Hause gefahren. Wenn das nichts ist!

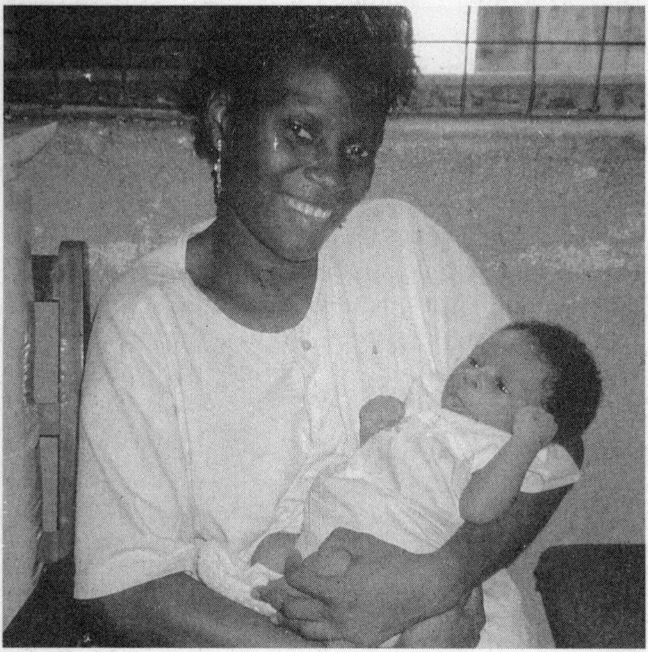

Baby Edwin

Es ist Montagmorgen. Ich kam gerade von einer der unzähligen Schneiderinnen am Ort. Kurz vor unserem Haus schlenderten mir Kwabena und Deborah entgegen. Ein seltenes Bild in Akropong, dass ein Vater mit seiner Tochter an der Hand spaziert. Schon von weitem erkannte ich ihn an seinem Lachen.

Es gehörte zu ihm wie meine Brille zu mir. Insgeheim habe ich mich schon oft gefragt, woher er es nimmt, dieses Strahlen. Heute hatte er jedoch jede Menge Grund zum Strahlen. Der Stolz platzte ihm aus allen Knopflöchern, als er mir verkündete: »A baby boy. Everything is all right.«

Viele Gedanken schossen mir durch den Kopf, als ich ihn zu seinem frisch geborenen Sohn beglückwünschte. Ich freute mich für ihn und besonders für Barbara, dass nach einigen Komplikationen und Ängsten ein gesundes Kind zur Welt gekommen war. Ich dachte auch an die Gewissheit, mit der mir Kwabena schon vor Wochen erzählte, dass Gott ihm einen Sohn schenken würde. Ob er sich da sicher wäre, war meine vorsichtige Rückfrage (so einfach sind die Dinge doch schließlich nicht!). Er konnte meiner 50/50-Logik nicht so recht zustimmen. Immerhin hatte er Gott um diesen Gefallen gebeten. Ein Mädchen und ein Junge, von beidem »etwas« – so entspricht es dem Bild der Akans von einer vollständigen Familie. Selbst vier Söhne können ein fehlendes Mädchen nicht aufwiegen.

»Glück gehabt« – würden die meisten der deutschen Zeitgenossen in seinem Fall denken. Doch wenn ich über Kwabenas Geschichte nachdenke, von der er mir ein bisschen erzählt hat, dann zögere ich.

Alles fing viel versprechend an, denn Kwabenas Vater hatte eine gute Stellung als »managing director« in der Hafenstadt Tema. Doch aus Gründen, die Kwabena nicht kennt, hörte sein Vater plötzlich auf, in dem Betrieb zu arbeiten. Er ließ seine Frau mit den beiden Kindern in Tema sitzen. Kwabenas Mutter hielt sich und die Kinder mit Kleinhandel über Wasser.

Vielleicht war es die schwierige finanzielle Lage, die Kwabena im Alter von fünf Jahren dazu veranlasste, seinen Vater ausfindig zu machen. Mit Hilfe eines Cousins fand er ihn in einem Dorf im Landesinneren und blieb bei ihm und seiner neuen Frau. Diese Zeit ist ihm jedoch in schlechter Erinnerung: Der Stiefmutter lagen ihre eigenen fünf Kinder mehr am Herzen. Kwabena war als Ältester eine willkommene Arbeitskraft und handelte sich eine Menge Schläge ein – sowohl von der Mutter als auch vom Vater.

Nach zwei Grundschuljahren holte ihn die Mutter zurück. Sie lebte unterdessen in Akropong, hatte wieder geheiratet und noch drei Kinder bekommen. Doch nach drei Jahren stand der nächste Wechsel an. Dass Kinder ihre gesamte Kindheit bei denselben Personen verbringen, scheint mir eher eine Seltenheit zu sein.

Jedenfalls gab es da noch eine Tante, deren Ehe kinderlos war. Und wie es in Ghana üblich ist, »lieh« sich diese Tante Kinder in der Verwandtschaft aus. Für manche Familien ist das eine enorme Erleichterung. Denn die »Ersatz-Eltern« müssen sich verpflichten, für Essen, Kleidung und Schulgeld aufzukommen.

Das Glück währte allerdings nicht allzu lange, denn Tante und Onkel schlitterten in eine Ehekrise. Die Tante setzte sich nach Abidjan ab und Kwabena zog wieder um nach Akropong. Das Glück verließ ihn aber nicht ganz, denn die Tante hatte in Abidjan Fuß gefasst und schickte regelmäßig Geld. Das ermöglichte ihm den Luxus, die höhere Schule zu besuchen. Für seine Schwestern war die Schullaufbahn nach der Grundschule beendet.

Mit Grips und Geld ausgestattet sah die Zukunft für eine Weile rosig aus – bis seine Tante plötzlich ein Jahr vor seinem Schlussexamen starb.

Von da ab ging es Kwabena so wie den meisten Jugendlichen in Akropong: Abbruch der Schule, eine aussichtslose Jagd auf die wenigen Lehrstellen, zeitlich begrenzte Aushilfsjobs für ein warmes Essen pro Tag, das Herumlungern und Träumen von der Chance, ein Bein auf Europas Boden zu setzen –

als Student, als Fahrer oder vielleicht als Fußballer.

Kwabena jobbte auf Baustellen und versuchte, gemeinsam mit einem Freund eine kleine Hühnerfarm aufzubauen. Noch in der Schule lernte er Barbara kennen, die genau wie er die Schule abbrechen musste, weil die Familie das Schulgeld nicht mehr aufbringen konnte. Deborah wurde geboren und lebte eine Zeit lang in Barbaras, dann in seiner Familie.

An Heirat war nicht zu denken. Welche Eltern erlauben schon ihrer Tochter, einen völlig mittellosen Mann ohne Zukunftsaussichten zu heiraten.

In dieser Zeit begegnete er bei einer Straßenversammlung Christen, deren Botschaft ihn ansprach. Für die meisten Ghanaer ist es keine Frage, ob man an Gott glaubt, sondern an welchen Gott man glaubt und welcher Kirche oder religiösen Gemeinschaft man sich anschließt. An Gott, der die Welt erschaffen hat, besteht sowieso kein Zweifel. Davon war auch Kwabenas Vater überzeugt, der ein Anhänger der traditionellen Religion ist, ebenso seine Mutter, die zu einer Pfingstkirche gehörte.

Kwabena selbst besuchte zwei bis drei Jahre eine so genannte »Spiritual Church«. Von dieser Art »Kirche« gibt es in Ghana die verschiedensten Variationen. Gemeinsam ist ihnen eine Kombination aus christlichen, traditionell-religiösen und okkulten Elementen. Viele Gespräche mit einem seiner Lehrer brachten ihn jedoch dazu, sich kritisch mit dieser Kirche auseinander zusetzen. Gleichzeitig fand er ein Zuhause in der Gemeinschaft mit den Christen, denen er auf der Straße begegnet war. »Sie haben mich dazu ermutigt, eine eigene Beziehung zu Jesus aufzubauen und selbst in der Bibel nachzulesen.« Das veranlasste ihn zum Wechsel.

Seitdem konnte er Bewegung in seinem Leben beobachten. »God is pushing me« – Gott schiebt mich, schubst mich in die richtige Richtung, sagte er eher ernst, so als könnte er es selbst noch nicht so richtig glauben, dass er so viele hoffnungsvolle Schritte gemacht hatte.

Über einen Aushilfsjob bekam er eine feste Anstellung als »Mann für alles« bei uns im Center – sicher kein Traumjob, aber ein festes, kleines Einkommen. Man gab ihm die Chance, den Führerschein zu machen, sodass er in Zukunft als zweiter Fahrer eingesetzt werden sollte. Mit dieser kleinen Sicherheit in der Tasche entschloss er sich vor einem Jahr, Barbara zu heiraten.

In seiner Kirche bekam er die Gelegenheit, seine musikalischen Fähigkeiten auszubauen. Jeden Sonntag trommelte er zum ausgelassenen Tanz seiner Truppe. Barbara hatte uns eine Weile im Haushalt geholfen und sich damit eine Nähmaschine verdient. Vor kurzem begann sie eine Ausbildung als Schneiderin und bald würde sie dazuverdienen. Lauter Hoffnungszeichen!

»God is pushing me. Wenn deine Startbedingungen schlecht sind, kann das Leben ganz schön schwer sein. Aber wenn Jesus Nummer 1 wird, verwandeln sich sogar bittere Erfahrungen.«

Kwabena schaute mich erwartungsvoll an. Dass er mir so viel erzählen würde, hätte er selbst nicht gedacht.

Ich musste wieder an Baby Edwin denken, den frisch gebackenen Sohn. »Wir wollen nur zwei Kinder, ein Mädchen und einen Jungen«, hatte mir Kwabena erzählt und wollte wissen, wie ich über Familienplanung dachte. Ein heißes Eisen in Ghana. Von seiner Kirche bekam er nicht viel Unterstützung. Aber er wirkte entschlossen. Seine eigenen Erfahrungen saßen ihm zu tief in den Knochen. Lieber wollte er zwei Kindern gutes Essen und eine Schulbildung ermöglichen. Schon das würde bei den gegenwärtigen wirtschaftlichen Verhältnissen schwer genug sein. Darum bat er Gott um den Gefallen, seine Familie durch einen Jungen »komplett« zu machen.

Mittlerweile glaube ich auch, dass Gott seine Hand im Spiel hatte.

Joe heiratet Adelaide

Joe heiratete vor drei Wochen seine Freundin Adelaide.

Unsere Freunde Cephas und Rosekel hatten mich zu der Hochzeitszeremonie eingeladen, da Joe Rosekels Bruder ist. So machten wir uns mit einem voll gepackten Auto auf den Weg in eine kleine Stadt, anderthalb Stunden von Akropong entfernt.

Zuerst ging es allerdings zu einem Freund von Rosekels Familie, der sich bereit erklärt hatte, unser »Sprecher« zu sein. Jede Familie hat einen Sprecher, der in ihrem Auftrag die Zeremonie leitet. Mit ihm wurde alles gründlich besprochen, Kuchen und Getränke gereicht. Vermutlich war es wieder nur ich, der sich wunderte, dass wir schon zwei Stunden verspätet waren.

So trafen wir gegen elf Uhr im Haus der Braut ein. Alles war versammelt, die Braut in einem Raum versteckt – so verlangt es die Zeremonie –, und der Bräutigam weilte 5000 Kilometer weiter in Swasiland, wo er gerade arbeitete. »Das macht nichts«, erklärte man mir. »Es ist nicht so wichtig, dass das Brautpaar da ist. Wichtig sind die beiden Familien.« Na gut, wenn ihr meint.

Der Reihe nach gaben wir der ganzen Verwandtschaft die Hand, setzten uns auf die eine Seite des Raumes der anderen Familie gegenüber. Nun erhob sich die andere Familie, grüßte uns und hieß uns herzlich willkommen. Nachdem alles wieder Platz genommen hatte, erhob sich der Älteste der Brautfamilie und fragte nach unserer »Mission«: »Warum seid ihr da?« »Unser Sohn möchte eure Adelaide heiraten, deshalb sind wir gekommen.«

»Seid ihr richtig vorbereitet? Habt ihr alles dabei?«

Dazu muss man wissen, dass der Brautvater Wochen vor der Hochzeit eine Liste für den Brautpreis zusammenstellt: Stoff für Kleider, einen Koffer, Geld für die Aussteuer, für den Vater (natürlich doppelt so viel wie für die Mutter), die Mutter, die Geschwister, Getränkekisten mit Cola, eine Bibel und die Ringe. Und wenn der Vater kein aktives Kirchenmitglied ist und es eher mit den Ahnen hält, natürlich noch eine Flasche Schnaps als Trankopfer.

So begann der Brauthandel. Der gewünschte Betrag war zu hoch, der Schnaps war nicht da. Rosekels Familie lehnte das ab, weil sie Christen sind. Man steckte immer wieder die Köpfe zur Beratung zusammen. Der Vater der Braut ging im Preis für sich etwas herunter, aber beim Schnaps stellte er sich stur. Außerdem forderte er drei Flaschen statt einer. So wurde schweren Herzens jemand losgeschickt, um die Flaschen zu besorgen. Er hätte sonst die ganze

Zeremonie platzen lassen können. Allerdings wurde kein Opfer gebracht.

Traditionell geht der Vater nach der Trauung in sein Heimatdorf zu den Onkeln und Tanten und berichtet, dass die Tochter geheiratet hat. Gemeinsam wird ein Trankopfer für die Ahnen gebracht und der Rest der Flasche wird gemeinsam geleert. Dann sind alle zufrieden – die Ahnen und die Verwandtschaft.

Zu guter Letzt wurden eine Bibel und die Ringe auf den Tisch gelegt. Die Braut war aber immer noch nicht da. Die Geschwister hatten sich nämlich quer gelegt, weil sie mit ihrer Auslösesumme nicht zufrieden waren. »Schließlich arbeitet der Mann in Swasiland und verdient dort gutes Geld. Und außerdem habt ihr einen Weißen als Freund und seid deshalb reich.« Mein prompter Ausruf in Twi »dann gehe ich schnell« ging in lautem Gelächter unter. Schlussendlich einigte man sich aber doch noch. Alles ging nur gegen »cash«, also Bargeld, das peinlich nachgezählt wurde. Die Atmosphäre war teils ernst, teils spielerisch heiter, da alles eher symbolischen Charakter hatte.

Dann hieß es, die Braut käme und würde der neuen Familie übergeben. Man brachte eine verschleierte Frau herein. Rosekel musste den Schleier lüften. Es war die Falsche. Wieder ging der Geldhandel los. »Wenn ihr eine andere wollt, müsst ihr noch was rausspringen lassen.« Mit viel Gelächter, Protesten und kleineren Geldbeträgen war man offensichtlich zum lustigen Teil der Zeremonie übergegangen. Nach einem weiteren Fehlversuch war die Braut schließlich da. Alles klatschte, der Schleier wurde gelüftet und Bibel und Ehering wurden unter einem Blitzlichtgewitter überreicht. Cephas betete ein langes Gebet und mir lief der Schweiß in Strömen.

Nun setzte sich die Braut in die Mitte und wurde von beiden Familien mit seelsorgerlichen Ratschlägen auf den Weg geschickt. Die Ältesten, Familienmitglieder und ich als Ehrengast durften ihr einen Rat mitgeben, nach dem die Familie jeweils zustimmend und viel sagend nickte. Die Braut war stumm und unbeweglich wie eine Schaufensterpuppe. Was ging wohl in ihr vor?

Endlich kam das Essen. Der Lärmpegel senkte sich und die Familien genossen Reis mit Huhn und Pfeffersauce.

Als wir alle wieder Kraft geschöpft hatten, das Wohnzimmer war nämlich mit 30 Menschen bei 35 Grad Hitze voll gestopft, kamen wir zum Schluss der Hochzeitszeremonie. Die Sprecher beider Clans drückten ihre Freude über die gelungene Verbindung aus und bedankten sich bei der jeweils anderen Familie für das gelungene Fest. Man ging wieder reihum und man reichte sich die Hand.

Vor dem Haus versammelte sich die ganze Gesellschaft zum Fototermin. Die Gewänder wurden zurechtgerückt, cin letztes Lächeln und nach drei Stunden fuhren wir wieder ab.

Christen schließen immer noch eine Segnung in der Kirche an, was in diesem Fall sicherlich schwierig gewesen wäre. Das wäre nun doch zu weit gegangen – ein Segen über 5000 Kilometer!

Adelaide flog die Woche darauf zu Joe nach Swasiland, um dort für einige Zeit zu leben und zu arbeiten. Sie gehörten zu den Leuten, die Glück hatten. Er fand Arbeit im Ausland und verdiente ganz gut. Die Welt stand ihnen offen. Noch waren keine Kinder da, noch konnten sie für ihre Zukunft etwas auf die Seite legen. Und ich erlebte meine erste Hochzeit ohne Bräutigam.

Kein Tag wie der andere

Es begann damit, dass es um 4.30 Uhr energisch ans Tor klopfte. Nach einer kleinen Pause hörte ich Sammys Stimme: »Mr. Martin!« So früh kam er sonst nicht. Hoffentlich war nichts passiert. Ich rüttelte Martin wach, der sich aus dem Bett quälte, um das Tor zu öffnen. Sammy hatte den Auftrag bekommen, zwei Männer »früh morgens« an ihren Arbeitsplatz zu fahren. Das hätte uns auch nicht weiter belastet, wenn nicht unglücklicherweise das Centreauto in unserem Hof geparkt hätte. Später erzählte uns Sammy leicht verärgert, dass er die beiden Männer absetzte, nur um festzustellen, dass sie »zu früh« dort waren. Denn es dauerte noch eine Stunde, bis es hell wurde, und im Dunkeln wollten sie nicht zu arbeiten anfangen.

Die nächste Schlafunterbrechung war vorprogrammiert, als Martin vergaß, das Tor nochmal sorgfältig zuzuschließen. Um 5.30 Uhr pochte es wieder, diesmal an die Wohnungstür. Ich stellte mich tot, aber das Pochen war penetranter. Nur Martin glaubte, dass ich wirklich schlief, und quälte sich erneut aus dem Bett. Der zweite Störenfried wurde nicht mehr ganz so freundlich abgefertigt. Ein Junge aus der Nachbarschaft brachte die vorgestern bezahlten Eier, denen ich schon seit zwei Tagen vergeblich hinterherlief. Der Arme wusste gar nicht, warum Martin so wütend war. Aber da er es von zu Hause gewohnt war, den Kopf einzuziehen und den Mund zu halten, trottete er eben wieder ab, um den leeren Eimer später abzuholen.

Bis der Wecker um sechs Uhr klingelte, war nicht mehr an Schlafen zu denken. Nach dem Frühstück machte ich mich auf nach Mampong, um einen Pfarrer und seine Frau zu besuchen. Er wollte ein Bibeldrama über Ghanas Missionsgeschichte durchsehen, das ich für Teenager geschrieben hatte. Als ich kam, stand er schon mit dem Manuskript im Türrahmen. Er nahm sich geschlagene zwei Stunden Zeit, um mit mir den historischen Hintergrund, englische Rechtschreibung und Twi-Grammatik durchzusprechen.

Dabei kamen wir immer wieder auf interessante Entdeckungen zu sprechen, die sich durch bestimmte Übersetzungen ins Twi ergeben. Zum Beispiel heißt »Glauben« in Twi »gyedi«. »Gye« bedeutet wörtlich »nimm« und »di« heißt »iss«. Glauben wird also übersetzt mit »nimm und iss«.

Zum Abschied drückte mir die Frau noch eine Papaya für Anne in die Hand. Die Stunden mit diesem Ehepaar waren immer sehr wertvoll. Die beiden lebten im vollaktiven Ruhestand und hatten sicher Wichtigeres zu tun als ein Bibeldrama für Teenager durchzusprechen. Oder sahen sie das vielleicht anders?

Über Mittag tauchte auf einmal Alex, ein ehemaliger Student vom Lehrerkolleg auf. Er stand einfach da und strahlte. Während wir auf der Veranda vor Hitze verwelkten und mein Kreislauf sich mit Augenflimmern meldete, erzählte er uns melodramatisch von seinem Anfangserfahrungen als Lehrer. Er war in ein abgelegenes Dorf in der Westregion geschickt worden. Dorthin konnte man weder einen Brief schicken noch mit dem Auto fahren. Briefe wurden manchmal einfach aus dem vorbeifahrenden Zug geworfen. Mit Glück fand jemand den Brief vor dem nächsten Regen.

Da Alex für über hundert Kinder im Dorf zuständig und zusätzlich noch in der Kirche engagiert war, packte er glücklich all die christlichen Programme ein, die wir in den verschiedenen Kreisen ausprobiert hatten. Wir staunten über sein Tagespensum: Morgens von sechs bis acht Uhr Unterricht in den Klassen sieben bis neun, die gerade keinen Lehrer hatten, ab acht Uhr dann in der Grundschule, deren sechs Klassen er sich mit einem anderen Lehrer teilte. Bei diesen Vorstellungen waren wir froh, keine Lehrer in Ghana zu sein.

Nachdem Alex gegangen war, wollte ich schnell die Verbesserungen des Bibeldramas in den Computer eingeben. Denn am Abend sollte die Generalprobe mit den Studenten stattfinden. Kaum saß ich am Computer, fiel der Strom aus. Gut, dann eben das alte Manuskript mit handgeschriebenen Verbesserungen. Ein Stromausfall konnte uns mittlerweile nicht mehr so schnell aus der Fassung bringen. Als ich am Spätnachmittag aus dem Büro stolperte, lief ich direkt zwei Studenten in die Arme. Sie begrüßten mich mit den vielsagenden Worten »there is a problem« (da gibt es ein kleines Problem). Nach wenigen Minuten und betretenen Gesichtern war klar, dass das lang geplante und verschobene Filmen auch diesmal nicht stattfinden konnte. Eine Studentin war krank geworden. Der Kameramann hatte sich zeitlich verplant. Außerdem hatten einige pfingstbegeisterte Geschwister zur selben Zeit ein großes Treffen geplant. Die zu erwartende Phonstärke von Gesang und Predigt würden das Filmen sicherlich beträchtlich stören. Zumal das Drama in einer Zeit spielte, in der in Akropong weder Verstärker noch Hallelujas zu hören waren.

Widerwillig änderte ich alle Pläne. Die zwei beteuerten mir, dass es nächsten Samstag ganz bestimmt soweit sein würde, und sie versicherten, dass alle Studenten dann bereit wären. Ich lachte gequält. Dann eben nächsten Samstag! Ich bat sie, die Generalprobe für den Abend abzublasen, und sie trollten sich davon. Ich atmete tief durch und dachte: »Da hätte ich mir die Hektik heute auch ersparen können und lieber ein bisschen mit Anne gespielt.«

Nun folgte des Dramas letzter Akt. Ich schnappte Anne und schwang mich ins Auto, um einem Kollegen in Adukrom abzusagen, bevor er sich ein Taxi nahm, um zur Generalprobe zu kommen. Hoffentlich traf ich durch Zufall die beiden Jungen vom Bibelclub in Abiriw, um auch ihnen Bescheid zu geben. Denn ich hatte keine Ahnung, wo sie wohnten.

In Abiriw gerieten wir in einen Beerdigungsumzug. Junge Leute tanzten und schrien auf der Straße herum, gebärdeten sich wie toll und rempelten Autos an. Vorsichtshalber kurbelte ich die Fensterscheibe hoch und schickte ein Stoßgebet zum Himmel. Mit betrunkenen Jugendlichen war nicht zu spaßen.

Nach einer Stunde waren wir heil zurück. Wir hatten den Kollegen gerade noch abgepasst und die beiden Jungen im Dunkeln am Straßenrand aufgespürt. Na immerhin!

Zu Hause erwartete uns Sammy. Er hatte gehört, dass Martin zwei neue Reifen gekauft hatte und wollte sie auf unser Auto montieren. Da es aber mittlerweile schon dunkel war, vereinbarten wir »morgen früh, bevor wir zum Strand fahren«. Vorsichtshalber parkte ich den Wagen draußen und gab Sammy die Schlüssel mit, denn »früh morgens« hatten wir doch schonmal ...

Beim Abendessen marschierten plötzlich alle Studenten in den Hof, die beim Drama mitspielten – außer den beiden, mit denen ich am Nachmittag gesprochen hatte. Nein, sie wurden nicht informiert, beteuerten sie. Und sie könnten den Film auch unmöglich am nächsten Samstag drehen. Da wollten nämlich einige von ihnen nach Hause fahren. Langsam wurde ich sauer. Wer hielt sich hier eigentlich an Absprachen? Und wer wollte das Drama überhaupt verfilmen?

Martin versuchte, mich mit einem leckeren Abendessen von meiner Enttäuschung abzulenken: statt Generalprobe ein Spielabend und statt Filmen morgen ein Strandtag!

Trotzdem war ich frustriert. Ich hatte wieder ganz nach meinem Muster geplant und alles war ganz nach ghanaischem Muster gelaufen.

Erst als wir es uns abends frisch geduscht auf

unserer Terrasse gemütlich machten, konnte ich wieder ein wenig lächeln. Über mich, die ich so Mühe hatte, mich auf Ghanas Uhren einzustellen. Und auch über die schönen Begegnungen an diesem Tag – mit dem Pfarrerehepaar, mit Alex, mit Sammy und auch die kurze mit den beiden Jungen am Straßenrand. Es war einfach kein Tag wie der andere – jeder war voller Überraschungen.

Alles wacht, einer schläft

Morgens wurden wir oft durch das Husten und Schneuzen der Nachtwächter geweckt. Es dauerte lange, bis sie ihren Hals geleert hatten, so lange, dass wir schließlich hellwach waren. Ab und zu der krächzende Gruß eines Frühaufstehers, der seine Eimer von der Quelle den Berg hochschleppte. Und dann das übliche laute Palaver – die Wachablösung der Nachtwächter.

So sehr uns dieses morgendliche Ritual auf die Nerven ging, so sehr waren uns die Männer nach drei Jahren ans Herz gewachsen.

Nachtwächter sind ein besonderes Völkchen. Wo immer man spätabends auftaucht, man muss den Nachtwächter aus dem Schlaf rütteln. Einmal fuhren wir abends in die Einfahrt eines Gästehauses in Accar. Der Nachtwächter schlief tief und fest auf einer Bank vor dem Tor. Durch unsere Scheinwerfer geblendet, fiel er vor Schreck von der Bank. »Wozu dann überhaupt einen Nachtwächter?«, fragten wir uns. »Als Attrappe, die doch jeder durchschaut?« – »Um das Diebesgut am nächsten Tag ausfindig zu machen«, meinte ein Freund mit einem Augenzwinkern. Um dann ernsthaft hinzuzufügen: »Es ist tatsächlich so. Die Nachtwächter können zwar durchaus einen Einbruch verschlafen, stöbern aber in der Regel die Beute auf und bringen sie zurück.« Hinter die Lösung dieses Rätsels bin ich bis heute nicht gekommen.

Damals jedenfalls überlegten wir uns noch, ob wir für unseren Compound einen Nachtwächter bräuchten. Aber einen schlafenden wollten wir dann doch nicht, rückerstattete Beute hin oder her. Außerdem schliefen ja besagte Nachtwächter des Lehrerkollegs knappe 20 Meter entfernt in einem Holzverschlag, in dem man sich gerade um die eigene Achse drehen konnte. Sie hatten uns versichert, immer wieder ein Auge auf unser Haus zu werfen. Ob offen oder geschlossen, sei dahingestellt. Andere hatten sich für einen Wachhund entschieden. Aber dieser hätte jedem vermeintlichen Einbecher deutlich signalisiert, dass es bei uns was zu holen gab. Eigentlich gab es nach unseren Vorstellungen da gar nichts zu holen. Gefriertruhe und Herd lassen sich nur schwer abtransportieren, und wir besaßen nicht mal einen Fernseher. Aber vielleicht sahen so manche Ghanaer doch ein paar Schnäppchen. Eine Uhr, ein Radiorekorder oder ein Kentetuch ließen sich sicher ganz gut verschachern.

Schließlich entschlossen wir uns, es mit den Engeln Gottes als unserem Wachpersonal zu halten. Jeden Abend, aber auch immer wieder tagsüber, beteten wir bewusst um den Schutz Gottes für uns und den gesamten Compound. Wir hatten immer mal wieder davon gehört, dass Engel in sichtbarer Gestalt auftreten. Warum also nicht als Nachtwächter an unserem Tor?

Wir hatten eine gute Wahl getroffen. Kurze Zeit später stellten wir nämlich morgens fest, dass irgendjemand nachts in unser Wohnzimmer eingebrochen war. Wir hatten wohl vergessen, die Schlagläden ordentlich zu schließen. Ein einfacher Schnitt hatte genügt, und der Moskitodraht war aufgeschlitzt und das Fenster entriegelt. Wir hatten nichts gehört, denn das Wohnzimmer lag auf der anderen Seite des Compounds. Aber in dieser Nacht hatte ich eine merkwürdige Erfahrung gemacht, die ich erst am Morgen verstand. Irgendwann, mitten in der Nacht, war ich plötzlich aufgewacht. Ich war hellwach und hatte den Eindruck: Bete um Schutz für uns und unser Haus. Nach dem Gebet schlief ich wieder ein. Ich war nicht einmal auf den Gedanken gekommen, Martin zu wecken oder ums Haus zu gehen. Das war vielleicht auch gar nicht nötig. Schließlich hatten wir doch fähige Nachtwächter. Aus dem Wohnzimmer war nur eine Tischdecke gestohlen worden, so als ob der Täter überrascht worden wäre.

Selbst als wir später wochenlang fort waren, wurde nie mehr eingebrochen. Hatte es sich herumgesprochen, dass es bei uns nicht viel zu holen gab? Oder dass das Haus bestens bewacht wurde?

Zurück zu den Nachtwächtern des Lehrerkollegs. Sie waren einfache Männer. Die meisten kamen aus dem Norden. So sucht sich jedes Volk jemanden, auf den es die unliebsamen und schlecht bezahlten Jobs abwälzen kann – und von denen man sich natürlich positiv abhebt. »Nordghanaer sind ungebildet, dumm und essen Schlangen«, hörten wir ab und zu aus dem Mund der Akans.

Lesen und Schreiben hatten viele Nordghanaer wirklich nie gelernt. Aber welche Einbildung, Zivilisation mit Lesen oder dem Besitz eines Fernsehers gleichzusetzen! Zu uns waren sie meist sehr freundlich. Einer von ihnen ging sogar so weit, sich für Martins Begrüßung mit den Worten »Thank you, my Lord« zu bedanken. Dabei stand er stramm und salutierte.

Zu tieferen Unterhaltungen kam es allerdings nie. Das lag schon an unserem mangelhaften Twi. Waren sie Moslems oder Christen? Fühlten sie sich wohl in Akropong? Waren ihre Familien auch hier? Ich hätte gerne mehr erfahren. Anne hatte einen besonderen Platz in ihren Herzen. Es schien so, als fühlten sie sich mitverantwortlich, dass es ihr in Ghana gut ging. Ich erinnere mich noch mit Schrecken an den Abend, als Anne einen »ewig« dauernden Fieberkrampf hatte. Ich war ins Centre rübergelaufen, um Martin zu rufen. Mit ihm zusammen kamen gleich drei oder vier Pfarrer vom Seminar zu uns herübergerannt. Alle begannen, laut für Anne zu beten. Einer der Wächter musste das mitbekommen haben. Irgendwann sah ich ihn ganz still im Türrahmen stehen. Er traute sich nicht herein und betete auch nicht laut und wild wie die anderen. Aber als ich an ihm vorbeiging, hob er gefaltete Hände zum Himmel und nickte mir zu. Seine Ruhe flößte mir Mut ein. Wie gut, dass wir nicht alleine waren! Von da an erkundigten sie sich fast täglich, wie es Anne ging.

Noch eine andere Nacht blieb mir in Erinnerung. Wir schliefen bereits, als mich Geräusche aus dem Schlaf schreckten. »Da kämpft jemand«, schoß es mir durch den Kopf, »und zwar direkt vor unserem Fenster.« Ich weckte Martin auf. Der stieg über unsere Veranda auf die Torpfosten, um herauszufinden, was da draußen los war. Tatsächlich, zwei Männer kämpften bis aufs Blut. »Die bringen sich um«, rief Martin mir zu. Vom Torpfosten aus redete er auf sie ein, schrie sie an, sie sollten aufhören. Keine Reaktion. Vielleicht verstanden sie kein Englisch? Einer der beiden hatte den anderen an der Kehle gepackt und begann ihn zu würgen. »Du, das wird bedrohlich«, raunte Martin. Weil er nicht wusste, ob die Männer bewaffnet waren, zögerte er einzugreifen. Da fiel mir der Nachtwächter ein. Wir riefen und riefen. Aber in dem Verschlag rührte sich nichts. Ich spürte den Ärger in mir aufsteigen: »Ein schöner Nachtwächter, der so tief schläft, dass ihn nicht mal unser Brüllen weckt. Da könnte man alles abtransportieren, was im College nicht niet- und nagelfest ist.« Währenddessen kämpften die Männer immer heftiger. Als wir noch überlegten, was wir tun könnten, regte sich doch etwas im Verschlag. Und da kam er herausgehumpelt, verschlafen und offensichtlich gesundheitlich nicht auf der Höhe. Die 20 Meter bis zum Kampfplatz schienen ihn alle Kraft zu kosten. Ich seufzte. Der konnte wohl auch nicht helfen. Hoffentlich ging das nicht böse aus.

Nun schrie auch der Nachtwächter, sie sollten aufhören. Er blieb genauso erfolglos wie wir. Doch im Gegensatz zu uns zögerte er nicht lange. Noch ehe wir es richtig begriffen hatten, hatte sich dieser gebrechliche Mann todesmutig zwischen die Kämpfenden geworfen. Er hatte sich einfach ganz riskiert – und gewonnen! Nach kurzer Zeit trollten sich die Kampfhähne davon, jeder in eine andere Richtung.

Ich traute meinen Augen nicht. Mit so viel Mut hatte ich nun wirklich nicht gerechnet. Glücklich, wer mit einem guten Nachtwächter gesegnet ist!

Abschied von Ghana

Nach einigen Jahren Leben und Arbeit in Ghana hieß es Abschied nehmen. Eine neue Aufgabe wartete auf uns in Deutschland. Wir hatten in der kurzen Zeit in Ghana einiges an Schulungsmaterial schreiben können. Wir hatten junge Leute unterrichtet und Leiter im Gebrauch der Unterlagen geschult. Und das ist heute wohl eine der Hauptaufgaben von westlichen Mitarbeitern in Ghana. Es gibt in Ghana genug Christen, die viel besser evangelistisch oder seelsorgerlich mit ihren eigenen Leuten umgehen können als wir Weißen. So hieß es Abschied nehmen, wenngleich uns das sehr schwer fiel. Schließlich hatten wir unsere neue Heimat und ihre Bewohner lieb gewonnen und fühlten uns wohl. Aber eine neue Berufung wartete auf uns.

So planten wir eine Abschiedsfeier in der Kirche des Lehrerkollegs. Dort waren wir drei Jahre lang zum Gottesdienst gegangen. Dort hatten wir zusammen mit 800 Studenten geistlich aufgetankt und einen wunderbaren Chor mit 120 Sängern genossen. Der Studentenpfarrer und der Rektor des Kollegs taten uns alle Ehre an und verlegten den Abendgottesdienst extra auf einen Morgen, damit alle Gäste anreisen konnten. Und das taten sie dann auch.

Freunde und Pfarrer aus verschiedenen Kirchen kamen angereist und feierten mit uns. Ein Zeltdach wurde vor der Kirche aufgespannt, damit alle Gottesdienstbesucher Platz fanden.

Doch zuvor gab es viel Arbeit. Immer wieder wurde ich nach Accra geschickt, um einzukaufen. Etliche Hühner mussten dran glauben und Unmengen von Kuchen wurden gebacken. In unserem Hof brannten überall Holzkohlefeuer und in den Töpfen brutzelte es in allen Farben. Josephine schwirrte hin und her und Susanne organisierte ein Heer von Helfern. In einem großen Wasserfass wurden Getränke unter Eisblöcken gekühlt und ein großes Zelt wurde mit Girlanden prächtig geschmückt. Dann kam der große Tag.

Alles saß um halb zehn Uhr morgens schon erwartungsvoll in der Kirche. Die Chorsänger zogen singend, mit wiegenden Schritten in die Kirche ein. Mancher Student zwinkerte uns zu, als er an uns vorbeizog. Vorne gegenüber vom Chor saßen wir auf den Ehrenplätzen. Oben beim Altar saß die geballte Geistlichkeit in ihren Talaren und weißen Rundkragen. Sie taten mir wieder Leid, denn diese Kleidung war nun wahrlich nicht für Afrika gedacht.

Mit viel Gesang, endlosen Dankesreden und Grußworten von allen Seiten, einer einstündigen Predigt über die Pilgerreise eines Christen in dieser Welt und ausgiebigem Tanz ging der Gottesdienst seinen vierstündigen Gang. Das kannten wir und es machte uns nichts mehr aus. Wir wurden mit gewobenen Stoffbändern behängt, wie es hier so üblich ist, und bekamen Berge von Kleidern geschenkt. Eine Kollegin von Susanne war mit ihrer Jugendgruppe gekommen. Sie stand an einer Stelle einfach auf, um mit den jungen Leuten vor dem Altar zu tanzen. Dazu sangen sie das folgende lustige Pidgin-English Lied: »So so wonder Jesus dei do, so so wonder Jesus dei do. You butter my bread, you sugar my cocoa, so so wonder Jesus dei do.«

Das heißt übersetzt ungefähr: Jesus, du tust Wunder, du gibst mir Butter aufs Brot und Zucker in meinen Kaba, Jesus du tust Wunder!

Ein Junge mit einem lahmen Fuß war auch mit dabei. Er kam immer zum Bibelclub mit einem langen Stock, den er anstelle seines linken Beins benutzte. Sein Bein hing schlaff herunter und der Fuß schleifte auf dem Boden. Heute war er auch mitgekommen und tanzte, wie er es eben konnte, vor zum Altar. Aus Freude an der Musik standen einzelne Gottesdienstbesucher auf und sangen lauthals mit. Einzelne schwenkten ihre Taschentücher. Nun wurden auch wir aufgefordert, eine Abschlussrede zu halten. Mit einem Kloß im Hals stieg ich zum Rednerpult hinauf. Mir war gar nicht danach zu Mute. Am liebsten hätte ich losgeheult, aber ich hielt mich verkrampft an mein Manuskript und las einfach langsam und etwas stockend ab, was mir wichtig geworden war. Die Freundlichkeit meiner Brüder und Schwestern zum Beispiel oder der Willkommensgruß unseres alten Nachbarn von nebenan, der mir immer so froh zuwinkte, wenn ich mit meinem Auto an ihm vorbeiholperte. Und natürlich wurden auch einige besondere Freundschaften zu Ghanaern genannt, die mich geprägt hatten. Es waren so viele Dinge gewesen, dass es schwer war, alles in Worte zu fassen. Dankbar hörten sie zu und wir alle fühlten, dass das nicht so spurlos an uns vorübergegangen war. Susanne schloss sich mir an und fand noch einige abschließende Worte in Twi. Da ging wieder ein Raunen durch die Reihen und alles mündete in Beifall ein. »Susanne hat in unserer Sprache gesprochen. Und zwar so gut! You have tried!« Das heißt so viel wie: Du hast dir wirklich Mühe gegeben. Und auf einmal fiel mir wieder jene Begebenheit ein, die mich damals so nachdenklich gemacht hatte. Wir hatten nach einigen Monaten im Land eine tiefe Krise durchzustehen und waren drauf und dran, unsere Koffer zu packen. Da besuchte uns unser Freund Fritz Pawelzik aus Deutschland und sah sofort, wie es um uns stand. Er patschte mir auf die Schulter und sagte in seinem Ruhrpottdialekt: »Macht man, Kinder, dat wird schon werden.« Und dann schrieb er die Verse aus Offenbarung 3 in unser Gästebuch: »Siehe, ich habe vor dir eine Tür aufgetan, und niemand kann sie zuschließen.«

Schlagartig war mir deutlich: das ist in Erfüllung gegangen! Gott hatte uns eine Tür zu den Herzen der Menschen aufgemacht. Das waren nicht wir selber. Unsere eigene Kraft war viel zu klein gewesen. Nein, Gott hatte uns in Ghana reich beschenkt.

Unser gemeinsames Abschiedsgeschenk an die Gemeinde war eine geschnitzte Opferschale, die den giftgrünen Plastiktopf ersetzten sollte. Dieser wurde dann rasch ausgetauscht und damit das Opfer eingeläutet. Wir tanzten in Reihen durch die ganze Kirche und der Chor überschlug sich fast in seiner Darbietung. Alles war gelöst und glücklich, vermutlich auch darüber, dass ein großes Buffet auf sie wartete. Wo man sich mal so richtig satt essen konnte. Und tatsächlich fanden sich unter den Essern auch Leute, die eigentlich gar nicht eingeladen waren. Ein magerer Dorflehrer zum Beispiel, der mich schon einige Male angebettelt hatte, stand einfach in der Schlange und lud seinen Teller mit Köstlichkeiten voll. Lass ihn doch, meinte Susanne. Er soll sich heute auch freuen. Und so taten wir, als sähen wir nichts.

Vor Abschluss des ganzen Festes geschah noch etwas Denkwürdiges. Der Chor war in den Innenhof unseres Grundstücks gekommen und sang noch einige abschließende Lieder. Aber sie hörten einfach nicht mehr auf. Wir sangen weiter und weiter. Einzelne Frauen lösten sich aus der Gruppe und fingen zu tanzen an. Ein Student stieg auf einen Tisch und dirigierte, als gälte es, die Welt zu retten. Und einige unserer weißen Gäste fingen ebenfalls zaghaft an zu tanzen. »Schau dich mal um«, tippte mich plötzlich jemand an. Und tatsächlich, hinter unserem Haus tanzten etliche Nachbarn auf ihren Dächern.

Daheim ist nicht gleich daheim

»Schön, dass ihr wieder daheim seid. So lange ward ihr weg. Jetzt freut ihr euch sicherlich, alle Freunde und die Familie wieder zu sehen.«

Ich schaute mein Gegenüber etwas unsicher an. Daheim? Weg? Alle Freunde wieder sehen? Wo ist daheim, wo sind unsere Freunde, wo ist »hier« und wo »weg«?

Das verwirrte uns alle ziemlich in den ersten Wochen. Wenn ich von Ghana erzählte, unterbrach mich Susanne oft mit einem Seufzer: »Sei still, ich darf gar nicht an Ghana denken. Dann kommen mir die Tränen.«

Anne setzte regelmäßig eins drauf: »Wann fahren wir wieder heim? Ich will zu meinen Freunden!«

Alles zog wieder an unseren Augen vorbei. Die letzten Wochen waren die schönsten der vergangenen Jahre gewesen – und die schwersten. Nachdem sich im Städtchen herumgesprochen hatte, dass wir nun bald gehen würden, klopfte es ständig an unsere Tür. »Wir haben gehört, dass ihr am Sonntag in der Kirche verabschiedet wurdet. Ihr geht schon? Ihr seid doch erst gekommen. Ich dürft noch nicht gehen.«

Da schluckten wir kräftig und schauten an unseren Gegenübern vorbei in die Luft. Es war nicht zum

Aushalten. Früh morgens um sechs donnerte es schon an unser Tor. Im Schlafanzug nahm ich die ersten Geschenke der Marktfrauen entgegen, die vor der Arbeit noch schnell ein Stück Stoff oder Obst vorbeibrachten. Tagsüber gaben sie sich dann die Klinke in die Hand. Besonders unser Schneider drückte sich immer wieder bei uns herum. Er war uns zum guten Freund geworden. Meine ganzen Kleider hatte er geschneidert und darauf war er mächtig stolz. Da saß er nun vor mir und murmelte etwas wie »und ihr geht jetzt und lasst uns zurück«.

All unser Gepäck hatten wir schon längst gepackt und nach Accra gebracht. Wir saßen auf unseren gepackten Koffern und wollten eigentlich nur noch einige Tage ausspannen, unsere Katzen versorgen und uns verabschieden. Im Blick auf unsere Katzen waren wir schon vorgewarnt worden. »Gebt sie in gute Hände. So gut genährte Katzen gibt es in ganz Ghana nicht mehr. Am Tag nach eurer Abreise werden die bei jemandem aus dem Norden im Kochtopf landen.« Natürlich, dachte ich mir, die bösen Nordler sind wieder die Übeltäter. Dabei wusste ich ganz genau, dass die etwas abgeänderte Katzenfutterreklame aus Deutschland auch für manche meiner Freunde passte: Schmeckt die Katze gut, freut sich der Mensch!

So ergaben wir uns wieder einmal unserem Schicksal und ließen die Verabschiedungen schmerzlich über uns ergehen. Sich in eine unvermeidliche Situation zu schicken, hatten wir ja nun ein wenig gelernt. Aber es war hart. Am Tag unserer Abfahrt aus Akropong kam besagter Schneider noch einmal ganz kurz vorbei. Er drückte mir eine Plastiktüte in die Hand und verschwand sofort wieder. Später entdeckten wir darin einen kostbaren gewebten Kentestoff, den er zu einem Kindersitzbezug verarbeitet hatte. Da war er aber schon weg.

In einem schönen Restaurant in der Nähe des Flughafens hatten wir vorsorglich schon einige Plätze im Garten reservieren lassen. Wir wussten, dass man uns »ordentlich« verabschieden wollte und mancher hatte sich angekündigt. Aber mit so vielen Leuten hatten wir dann doch nicht gerechnet. Schüler und Studenten waren gekommen und unsere Mitarbeiter waren fast vollständig versammelt. Freunde aus Nah und Fern waren angereist, um mit uns die letzten Stunden auf ghanaischem Boden zu verbringen. Im Kreise von über 50 Leuten saßen wir zwischen allen Stühlen und nippten an unserer Cola. Als wir später im Flugzeug saßen, atmeten wir erleichtert auf. »Man kann sich durch so eine Verabschiedungszeremonie auch kaputtmachen«, war mein letzter Gedanke, bevor ich in einen unruhigen Schlaf fiel. Ich hatte auch allen Grund, mich etwas zurückzuziehen. Zuvor hatte ich nämlich meiner Hinterfrau beim Toilettengang galant meinen Tomatensaft in die offene Handtasche geschüttet. Darüber war sie gar nicht erbaut. Irgendwie muss ich durcheinander gewesen sein.

Und nun rannte ich nach Jahren wieder zu einer gepflegten deutschen Bushaltestelle im württembergischen Esslingen, um den Anschluss noch zu bekommen. »Glück gehabt«, dachte ich, denn der Bus stand noch da. Die Tür war zwar schon zu, aber ich klopfte freundlich ans Glas und wollte einsteigen. Der Busfahrer schüttelte nur den Kopf, wartete noch gut zehn Sekunden und setzte sein fast leeres Gefährt in Gang. Ich war vom Donner gerührt und beschwerte mich bitter beim nächsten Busfahrer. »Der Busfahrer hat sich richtig verhalten. Das ist bei uns hier Gesetz. Wenn die Türen einmal verschlossen sind und der Motor an ist, darf er niemanden mehr reinlassen. Auch nicht, wenn der Bus leer ist.«

Und mir kam so manche Fahrt in himmelschreienden Kleinbussen in den Sinn, bei der ich zwischen Hühnern und wohlgenährten ghanaischen Mammies bei atemberaubender Geschwindigkeit durch unsere Bergwelt brauste. Man lachte, sang und tat gut daran, ab und zu Gott um Bewahrung zu bitten.

Einen Tag später holte ich mein Gepäck aus dem Zoll am Flughafen. Ich hatte mir einen kleinen Lastwagen gemietet und wartete auf den Elektrowagen, damit er mir die Palette mit Fässern und Kisten direkt auf die Pritsche stellte. Fehlalarm: Der Fahrer ließ die Ware vor meiner offenen Ladefläche gemütlich auf den Boden plumpsen und meinte nur: »Das ist bei uns in Deutschland Gesetz. Ich darf mit einem Fahrzeug der Flughafengesellschaft nichts in ein fremdes Fahrzeug laden«. Wenigstens war er so freundlich und hievte das schwere Zeug mit mir zusammen in den Laster.

Zu Hause grölten alle über meine Verwirrung und schlugen sich auf die Schenkel. »So sind wir

Deutschen. Alles ist geregelt. Eigentlich doch verrückt, oder?«

Es dauerte schon einige Zeit, bis wir uns wieder an die deutschen Sitten und Gebräuche gewöhnten. Sicher gab es etliches, worüber wir uns freuten. Bis heute ist da eine warme Dusche, unter die ich mich morgens gerne stelle. Oder die Post, die pünktlich jeden Tag ihre Sachen bei uns abliefert. Sogar an die Kaufhausschluchten habe ich mich gewöhnt. Bei meinem ersten Versuch, meiner Tochter aus dem Supermarkt Cornflakes mitzubringen, kam ich allerdings leicht genervt und mit leeren Händen wieder zurück: »Was für Cornflakes hättet ihr gerne? Da gibt es ja 25 Sorten!«

Und spätestens dann denke ich wieder an Zeiten, als ich abends überglücklich und todmüde aus der Hauptstadt zurückgekehrt bin und mit lautem Ruf aus dem Auto stieg: »Stell dir vor, was ich heute im Supermarkt erwischt habe: Nutella!« Damit kann ich nach einem Jahr Deutschland meine Tochter nicht mehr hinter dem Ofen vorlocken. Und ganz zum Schluss erzähle ich noch kurz von zwei Begegnungen mit Ghanaern in Deutschland. Eine ganze Gruppe traf ich nach einem Gottesdienst einer großen Gemeinde in Stuttgart. Das mussten Ghanaer sein, dachte ich bei mir und sprach sie einfach in Twi an. Sie schauten zuerst mich, dann sich gegenseitig verdutzt an und lachten laut los. Du sprichst ja unsere Sprache. Wo kommst du her? Aus Akropong? Ist ja nicht möglich. Ich komme aus Adukrom, dem Nachbarort.« Und schon waren wir wieder mitten im

Gespräch. Wir schwelgten im ghanaischen Essen, der Musik und fast hätten wir angefangen zu tanzen, hätte uns die kühle Atmosphäre des modernen Gebäudes nicht zu mehr Anstand gezwungen. Sie sehnten sich alle nach ihrer Heimat. Und doch waren sie hier geblieben, um Geld zu verdienen. Schließlich schickten sie einiges davon in ihre Heimat und halfen so vielen Familienmitgliedern, sich über Wasser zu halten.

Und dann war da noch dieses Treffen mit ghanaischen Mitarbeitern unserer Kirche in Stuttgart. Wir saßen in der Kantine und stocherten in dem ausgestanzten Aluteller herum, den die Großküche angeliefert hatte. Die Ghanaer hatten dicke Wollpullover angezogen, denn es war Winter. Es ging um die letzten Wahlen und schnell erhitzten sich die Gemüter. »Wenigstens ein bisschen Wärme in dieser kalten Atmosphäre«, dachte ich bei mir selbst. Immer wieder fragte ich, wie es ihnen erging, und immer wieder hörte ich den kurzen Satz: »Es ist schon o.k., aber es ist nicht immer leicht.« Wir diskutierten laut und lange, es wurde wieder gelacht und Adressen wurden ausgetauscht. Als ich sie zur Nationalspeise zu mir nach Hause einlud, schaute mich einer von ihnen lange an und meinte nur: »Ich sehe es ganz genau. Dein Herz ist noch in Ghana.«

hänssler

Winrich Scheffbuch

Jenseits der endlosen Meere

Abenteuer Weltmission

Pb., 340 S., zahlreiche Illustrationen
Nr. 392.639, ISBN 3-7751-2639-2

Endlose Wüsten, Malaria und Ruhr, schwindelnde Hängebrücken ... Und das »nur«, um den im Dschungel versteckten Völkern das Evangelium von Jesus zu sagen!
In spannenden und beeindruckenden Berichten erfahren Sie von dem, was Gott aus dem Leben von durchschnittlichen Menschen machen kann. Erleben Sie mit, was Gott in der Mission weltweit getan hat und tut ...

Bitte fragen Sie in Ihrer Buchhandlung nach diesem Buch! Oder schreiben Sie an den Hänssler-Verlag, D-71087 Holzgerlingen.